LE GUIDE

DU VOYAGEUR

A CHERBOURG.

CHERBOURG, BOULANGER, IMP.-LIB.

LE GUIDE

DU VOYAGEUR

A CHERBOURG,

OU

DESCRIPTION COMPLÈTE ET HISTORIQUE
DE CETTE VILLE, DE SON PORT MILI-
TAIRE, DE SON PORT DE COMMERCE ET
DE TOUS SES ÉTABLISSEMENS,

PAR A. DE BERRUYER,

Rédacteur en chef du Journal de Cherbourg et
du département de la Manche, membre de
l'Académie Ebroïcienne et fondateur du Mo-
mus Normand, revue de la Basse-Normandie.

1833.

CHERBOURG,

BOULANGER, IMP.-LIB.

« Il faudrait composer un livre si l'on vou-
» lait décrire tous les établissemens de Cher-
» bourg, dont quelques-uns, et ce ne sont
» pas les moins intéressans, passent entière-
» ment inaperçus aux yeux du voyageur. »

Lœve-Veimars. — Revue des deux Mondes,
du 15 Août 1833.

De Valognes à Cherbourg.

A la sortie de *Valognes*, l'aspect de la Normandie prend tout-à-coup, aux yeux de quiconque se dirige vers Cherbourg, un caractère particulier.

Ce ne sont ni de vastes plaines, comme aux environs d'*Evreux* et de *Caen*, ni de fraîches vallées, comme celles du *pays d'Auge*, ni de gras pâturages, comme dans la partie du *Cotentin* qui avoisine *Carentan* et *Monteboury*. On ne voit ici que des petits champs entourés de haies chétives, des landes, des bois taillis, et çà et là des chaumières, souvent de la plus triste apparence.

Cependant, à une lieue environ de *Valognes*, sur la gauche du voyageur, se trouve, comme par hazard, la jolie filature du *Pont-à-la-Vieille*, avec ses prés et sa nappe d'eau.

Autrefois tout ce pays était couvert de bois. Nous lisons dans Froissart : « entre Chierebourg et Valognes, de ce costé sont les haults boys et forest d'une part et d'autre jusqu'à la cité de Coutances. Et peuvent ceux de Chierebourg issis et chevaucher sur le pays à l'adventure toutes fois qu'ils veulent ; car ils avoyent parmy les boys un chemin forthaye de costé et d'aultre et quand ils sont en leur chevauchée on ne peut les approcher. »

Après la côte assez raide du *Mont-à-la-*

Kaïne, on atteint le village de *Delasse*, regardé comme point mitoyen entre les deux villes.

De là on aperçoit à gauche, sur une hauteur, le clocher de *Brix*, grande commune de l'arrondissement de *Valognes* ; c'est dans cette commune que se trouvait le *Château d'Adam*, bâti sous les ducs de Normandie, et ainsi nommé, parce qu'il avait eu pour fondateur un seigneur de *Brix*, dont le nom de baptême était *Adam*. Un des antiquaires les plus distingués de la Normandie, *M. de Gerville*, a découvert que les seigneurs de *Brix* ont été les ancêtres des rois d'Ecosse et notamment de ce fameux *Robert Bruce* dont la mémoire est encore en vénération parmi les Ecossais.*

Le *Château d'Adam* a été démoli au commencement du 13.e siècle et les débris ont été employés à la construction de l'église actuelle.

Mais si la route n'a offert jusqu'ici au voyageur rien de bien digne de fixer son attention, il en est amplement dédommagé par le tableau qui se déroule à ses regards, à mesure qu'il approche de *Cherbourg*.

Et d'abord, c'est, dès le commencement de la descente du *Roule*, la mer qui se confond avec le ciel à l'horizon ; puis, c'est le *Fort d'Artois*, le *Grand Port* et ses *Calles* ; c'est la ville entière, le *Port* et le *Bassin de Commerce*, l'église et sa tour blanche. A droite, vous avez des montagnes ; à gauche, des montagnes encore, des masses de rochers grisâtres, et à vos pieds la charmante *Vallée de Quincampoix* avec ses moulins et ses petits hameaux.

* Mémoires de la soc. des antiquaires. tom. I.

Arrivée.

━━━━━⟫✦⟪━━━━━

On arrive à Cherbourg par l'*avenue du Roule*, appelée aussi *rue de Paris*.

Cette avenue, plantée de chaque côté d'une double rangée d'arbres, est, dans la belle saison, la promenade ordinaire, ou pour mieux dire, l'unique promenade des habitans de Cherbourg. Dès l'abord, le voyageur peut apercevoir, sur la crête de la montagne à droite, le petit *fort du Roule*; plus près est la chapelle *Notre-Dame-du-Roule*, élevée au moyen de souscriptions particulières.

A gauche, se trouve ensuite un fort beau jardin avec une maison chinoise. C'est l'ancienne propriété de *M. le baron Cachin*, directeur des travaux de Cherbourg, et aujourd'hui celle de *M. F. Despréaux*, négociant.

Quelques pas plus loin, on traverse un *Chemin de Fer* qui conduit des carrières du *Roule* au *Bassin de Commerce*.

Vis-à-vis, une *Blanchisserie mécanique* appartenant à *M. Le Buhotel*, négociant; on prend à gauche, par le *pont du Roule*, *l'avenue* dite *du Cauchin*, au milieu de laquelle on traverse une seconde fois le *Chemin de Fer*, dont nous venons de parler.

Au bout de cette avenue, on tourne à droite, laissant à gauche *le Faubourg*, et l'on peut déjà, avant d'être définitivement arrivé, avoir remarqué *la Halle, la Prison, et le Bassin de Commerce*.

Bureaux des Postes et Messageries.

Rue quai du port, N.° 22. —Messageries royales et entreprise Laffitte et Caillard réunies. Départ tous les jours pour Caen.

Rue de la Fontaine, hôtel du commerce. Diligence Malle-Poste. —Départ tous les jours pour Caen, à une heure après midi.

Rue de l'Ancien-Quai, N.° 20. —Poste aux chevaux.

Rue du Chantier, N.° 57. —Poste aux lettres.

Arrivée vers huit heures du matin. Les paquets pour le départ se font à midi et demi. On n'affranchit que jusqu'à midi.

Hôtels garnis.

Le voyageur ne doit choisir à Cherbourg qu'entre deux hôtels :

L'hôtel de Londres, rue Quai-du-Port, N.° 4.

L'hôtel du Commerce, rue de la Fontaine, N.° 35.

L'hôtel de Londres, tenu par M. C. Drouët, est bien situé. Les appartemens en sont petits, mais d'une extrême propreté, ainsi que tout le reste de la maison. C'est là que les Anglais descendent de préférence.

L'hôtel du Commerce, tenu par M. Digard, beaucoup plus considérable que le précédent, est le rendez-vous habituel de tous les commis-voyageurs. On y trouve une table d'hôte fort bien servie. Le déjeûner est à *dix* heures du matin et le dîner à *cinq* heures du soir.

Restaurateur.

Le Houelleur fils, rue Quai-de-l'Ouest, N.º 8, élève de Grignon. Déjeûners et dîners à la carte, à l'instar de Paris. Salons pour sociétés particulières.

Cafés.

Café de Paris.—Place des Sarrasins, sur le port.

Café des arts.—Rue Quai-du-Port, N.º 38.

Café de l'Amitié.—Quai-du-Port.

Salons pour la lecture des Journaux.

Rue de la Vase.—Boulanger fils, imprimeur-libraire-papetier.

Rue des Corderies.—L'Ecouflet, marchand de glaces et gravures.

Dépôt des cartes de la marine.

Rue de la Vase.—Boulanger fils, imprimeur-libraire.

Feuille d'annonces judiciaires et commerciales.

Rue des Bastions—Boulanger père, imprimeur-libraire.

Cette feuille paraît le Samedi de chaque semaine et le Mercredi lorsque des insertions importantes l'exigent.

Bains.

Rue de la Paix.—Bancelin, au *Gagne-Petit*.

Même rue.—Collet, pharmacien. (Bains de vapeur, Douches, etc.)

Même rue, N.° 67, et rue de l'Union, N.° 26.—Veuve Capelain.

Rue de Longlet, N.° 34—Renault.

Premier coup-d'œil.

La ville de Cherbourg* est située à l'extrémité de la presqu'île du Cotentin, à l'embouchure de la Divette et dans une plaine que dominent au midi les quatre montagnes du *Roule*, de *la Fauconnière*, de *Saint-Sauveur* et d'*Octeville*.

Elle occupe le fond de la baie comprise entre le cap *Lévi* à l'est et le cap de *la Hague* à l'ouest.

Sa latitude nord est de 49^l, 38^m, 31^s, et sa longitude occidentale de 3^d, 57^m, 18^s. Elle est éloignée de 88 lieues de Paris, de 28 de Caen, de 20 de Coutances, de 19 de Saint-Lô, de 5 de Valognes et de 28 seulement de Portsmouth. Sa population est de 18,000 habitans.

Il s'y tient quatre foires par an, savoir : le 27 janvier, le lendemain du dimanche des Rameaux, le premier lundi après la Trinité et le 26 août.

Elle a trois jours de marché par semaine : le lundi, le jeudi et le samedi.

Elle est le siége d'une préfecture maritime, d'une sous-préfecture, d'un tribunal de première instance, d'un tribunal de commerce et d'un tribunal maritime.

Elle a une société royale académique, un collége communal, une école gratuite de navigation, un entrepôt de sel et de denrées co-

---

* Cœaris burgus, Caro burgus, Charo burgum, Chere burgum, Cher burgium, Cœreris burgus, Cherebertum.

loniales, plusieurs maisons de banque, des casernes, des arsenaux, des chantiers, des hôpitaux, des bains publics et une salle de spectacle.

Il s'y trouve un maréchal-de-camp commandant de place, un directeur de l'artillerie de terre, un directeur de l'artillerie de marine, un directeur du génie, un directeur des travaux et un directeur des douanes.

La rade de Cherbourg, une des meilleures de la Manche, peut contenir jusqu'à quatre cents vaisseaux. Elle s'étend, en forme de croissant, dans une largeur d'environ dix lieues et précisément en face de l'île de Wight, position que le maréchal de Vauban appelait *audacieuse*, en la considérant relativement à l'Angleterre. Elle est protégée par trois *forts* qui croisent leurs feux, et fermée par une *digue* dans la direction de l'est à l'ouest, qui la défend des vents du nord et du nord-ouest, les seuls qu'elle ait à redouter.

Le *Port de Commerce*, formé par les deux rivières *la Divette* et *le Trottebec*, est d'un accès si facile que, suivant les marins, *un aveugle y entrerait.**

Une superbe *Jetée* maintient toujours dans le *Chenal* ou canal de communication avec la mer, une hauteur d'eau de dix-huit pieds au moins, ce qui donne aux bâtimens sortans le moyen d'arriver promptement en rade.

Le *Port Militaire*, au nord-ouest de la ville, se compose d'un avant-port et d'un bassin. Les

* M. Asselin. Détails historiques sur l'ancien port de Cherbourg.

vaisseaux y entrent en tout temps et y sont constamment à flot. Il a été creusé dans le roc du *Galet*. C'est un des ouvrages qui font le plus d'honneur au génie de l'homme.

En général la ville de Cherbourg est bien bâtie ; les rues sont larges, les places belles. Des fontaines, sagement distribuées, y entretiennent la fraîcheur et la propreté. La température y est très-douce ; le thermomètre y baisse en hiver de cinq degrés de moins qu'à Paris.

La plage à l'est est couverte jusqu'à une distance de deux lieues d'un sable très-fin. On nomme cette partie *les Mielles*.

Cherbourg est la patrie de *Jacques de Callières*, auteur d'une *histoire du maréchal de Matignon*, Paris, 1661, 1 vol. in-folio ; de *François de Callières*, fils du précédent, membre de l'académie française et plénipotentiaire au congrès de Riswick, connu aussi par son ouvrage *des Mots à la Mode* ; de *Desroches-Orange*, qui s'éleva par sa valeur du rang de simple soldat au grade de Lieutenant-général et devint grand-maître de l'hôtel royal des Invalides à Paris ; de *Barthélemy Le Hédois*, vice-amiral du Brésil, après avoir débuté comme matelot ; de l'illustre abbé de *Bauvais*, évêque de Senez ; du savant *Louis Vastel* et de l'antiquaire *Duchevreuil*.

L'arrondissement de Cherbourg se divise en cinq cantons : Cherbourg, Octeville, Saint-Pierre-Eglise, Beaumont et les Pieux.

Il renferme soixante-treize communes et 75,488 habitans.

Recherches Diverses.

―――●※●―――

Fondation.—Origine du nom de Cherbourg.—Premiers siècles.

Il est difficile de fixer d'une manière certaine l'époque de la fondation de Cherbourg.

On l'attribue indifféremment à César, à Titurius-Sabinus et à Cherebert ou Caribert, frère de Dagobert Ier. Mais quelque soit celui de ces personnages dont on fasse choix, l'erreur n'en est pas moins complète.

D'abord, pour ce qui concerne César, il est démontré qu'il ne vint jamais en personne dans la partie des Gaules où se trouvait alors, soit l'emplacement de Cherbourg, soit déjà même un commencement de cette ville; il y envoya ses lieutenans. Titurius-Sabinus put y venir en cette qualité, nous ne le nions pas, mais rien ne l'indique positivement, car les *Unelliens*, chez lesquels César lui donna une mission à remplir,* n'occupaient pas seulement le territoire de Cherbourg, mais celui de tout le pays que nous appelons aujourd'hui le *Cotentin.*

----

* Q. Titurium-Sabinum legatum cum legionibus tribus in Unellos, Curiosolitas, Lexoviosque mittit.. ...

De bello Gallico, lib. III.

Quant à Cherebert ou Caribert, c'est de toutes les suppositions la moins admissible, puisque ce prince régnait sur les provinces du midi de la France et que Toulouse était sa capitale.

Ce qui est certain, c'est qu'en faisant démolir le château de Cherbourg en 1688, le maréchal de Vauban crut y reconnaître des restes de maçonnerie romaine ; c'est aussi, qu'on a découvert dans ses ruines un grand nombre de médailles de Jules-César ainsi que plusieurs autres en or, d'un temps bien antérieur aux Romains.*

Le nom de *Cæsaris-Burgus*, qui se rencontre dans quelques auteurs, Orderic Vital, Froissart, Nagerel, entr'autres, ne peut jeter aucun jour sur la question de la fondation de Cherbourg, car on ne le remarque pas dans un seul monument au-dessus du douzième siècle, et l'on a tout lieu de penser qu'il ne remonte pas plus haut. S'il fallait appuyer cette opinion sur une preuve irrécusable, on la trouverait dans l'acte où le duc Richard III énumère les propriétés qu'il donne à la princesse Adèle, fille du roi Robert, en l'épousant. Dans cet acte, de l'an 1026, le château de

---

* On trouva en 1688, sous une des roches du Roule, une urne contenant beaucoup de médailles qui portaient cette inscription grecque : *Nicomedes Epiron Basileus*

Cherbourg est désigné sous le nom de *Castellum Carusburc.* *

C'est ce même duc Richard qui, en examinant un jour différens travaux qu'il faisait exécuter, dit aux seigneurs qui l'entouraient : « *Ly castel est un cher bourg per my !* » voulant par-là faire allusion aux dépenses qu'il était obligé de faire. De ce jeu de mots, suivant quelques-uns, serait venu le nom de *Cherbourg.* **

An 5ɔ avant J. - C.

Sous les *Unelliens*, le terrain sur lequel est édifié Cherbourg n'était qu'un amas de huttes où se logeaient des hommes qui ne s'occupaient que de la pêche. ***

Après la soumission de ce peuple à la puissance romaine, on fit de cette bourgade un des lieux de station pour les légions. La carte Théodosienne, dite de Peutinger, l'indique comme l'ancien *Coriallum.*

En 432 saint Ereptiole, premier évêque de Coutances, vint annoncer l'évangile à Cherbourg et convertit toute la contrée.

Clovis est le premier roi de France qui ait possédé Cherbourg. En 497, cette ville lui fut vendue ainsi que toutes celles des Armoriques. Ensuite, elle passa successivement à Childebert, roi de Paris et de Neustrie ; à Clotaire Ier ; à Caribert ; à Chilpéric I.er ; à Sigebert, roi

---

* Concedo ergo tibi jure dotalitio.......... castellum videlicet Carusburc.

  Hist. eccles. de Normandie par Trigan.

** *Cherbourg*, en langue celtique, signifie *ville forte.*

*** Hist. sommaire et chronologique de la ville de Cherbourg.

d'Austrasie, qui s'en empara; à Théodebert, qui la reprit sur Sigebert en 575 ; à Clotaire II ; à Dagobert 1.er; à Clovis II ; à Clotaire III ; à Dagobert II, et à Thierry III.

Alors le royaume n'étant plus divisé, Cherbourg se trouva toujours une ville de la Neustrie, sous le gouvernement général de la France.

Jusqu'au neuvième siècle, elle fut, ainsi que les autres ports du Cotentin, visitée fréquemment par les bandes des peuples du nord, qui finirent même par s'en emparer. Elles la pillèrent, la ravagèrent, mais ne la détruisirent jamais entièrement, aimant mieux la conserver comme leur place d'armes et leur point de communication avec l'Angleterre et le Danemarck.

Précis Chronologique

*de l'histoire de Cherbourg et des évé-
nemens remarquables qui se sont
passés dans cette ville depuis le
neuvième siècle jusqu'à nos jours.*

———————⋙⋘———————

887　*Saint-Clair*, venant d'Angleterre, débarque à Cherbourg et se retire dans une forêt
des environs.

912　Cherbourg passe sous la domination de Rollon, premier duc de Normandie.

940　*Harold* ou *Aigrold*, roi de Danemark, dé-
trôné par son fils *Swénon*, vient demander
aide et protection au duc *Guillaume Longue-
Epée*, fils et successeur de Rollon. Il arrive à
Cherbourg avec une flotte de soixante voiles.
Le duc l'accueille avec bonté et lui donne les
domaines du Cotentin en attendant qu'il soit
rétabli dans ses états. Les historiens assurent
que *Harold* fixa sa résidence à Cherbourg.
Selon Orderic Vital, il y resta deux ans entiers.

942　*Bernard le Danois*, comte d'Harcourt, tu-
teur du jeune duc de Normandie, *Richard*,
après l'assassinat de *Guillaume Longue-Epée*,
ayant envoyé des députés implorer le secours
d'*Harold*, contre *Louis d'Outre-Mer*, roi
de France, qui voulait s'emparer de l'héri-
tage de son pupille à peine âgé de dix ans,

le roi de Danemarck arrive à Cherbourg avec
22 vaisseaux. Tous les Normands restés fidèles à
leur souverain légitime, se réunissent à lui.
Une grande bataille a lieu dans la plaine
de *Croissanville-sur-Dives*; *Louis* est fait
prisonnier, et *Richard* rentre triomphant dans
la capitale de ses états.

Le duc *Richard II* a quelques démêlés 1003
avec *Ethelred.*, roi d'Angleterre, son beau-
frère. Celui-ci envoie contre lui une armée
considérable qui descend à Barfleur. Déjà elle se disposait à ravager le Cotentin, lorsque *Néel de Saint-Sauveur* fond sur elle et la
taille en pièces.

Les anciennes chroniques prétendent que
la milice de Cherbourg prit part à ce combat,
commandée par *Martel de Licange* et *Hue du
Filet*.

Famine horrible qui dure près de quatre 1036
ans de suite. On s'alimente des corps morts,
et cette subsistance étant insuffisante, les indi-
gens massacrent plusieurs habitans pour as-
souvir leur faim.

Mauger, oncle de *Guillaume le Conquérant*, 1055
archevêque de Rouen, relégué dans l'île de
Guernesey après sa déposition par le conseil
de Lisieux, s'embarque pour revenir en Normandie et périt dans la traversée. Son corps,
trouvé parmi les rochers, est apporté à Cherbourg, où on l'inhume.

Le comte *Gerberot*, seigneur de Cherbourg, 1087
se révolte contre le duc, roi d'Angleterre. Ce

prince voulant le faire arrêter, il se sauve adroitement en France et est accueilli à la cour du roi Philippe Ier

1139   Siége de la ville et du château de Cherbourg par *Etienne de Blois*, comte de Boulogne. Les habitans ne se rendent qu'à la dernière extrémité.

1142   *Geoffroy Plantagenet*, comte d'Anjou, époux de l'impératrice *Mathilde*, reprend à *Etienne de Blois* la ville et le château de Cherbourg.

1163   *Henri II*, roi d'Angleterre et duc de Normandie, passe à Cherbourg une partie de l'Avent et les fêtes de Noël avec la reine *Eléonore*.

1203   *Philippe-Auguste* s'empare de la ville de Cherbourg, se rend ensuite sous les murs du château, l'assiége et l'enlève à *Jean Sans-Terre*, dernier duc de Normandie, du sang danois.

1207   *Philippe-Auguste* accorde un privilége à la ville de *Rouen*, pour faire exclusivement le commerce avec l'Irlande, et, par une faveur spéciale, y comprend le port de Cherbourg pour un vaisseau.

1293   Edouard Ier envoye une armée qui descend dans le Cotentin. Elle pille et incendie *l'Abbaye*, *l'Hôtel-Dieu* et une partie de la ville de Cherbourg; mais les habitans défendent le château avec tant de courage que l'ennemi ne peut y pénétrer.

1300   *Philippe-le-Bel* ordonne que la ville de Cherbourg soit fermée de murailles dans la partie

partie la plus voisine du château. Il fait en même-tems armer une flotte qui se dirige vers l'Angleterre, sous le commandement de *Mathieu de Montmorency* et de *Jean d'Harcourt*.

Cette armée, débarquée à Douvres, « se borna, dit *Guillaume de Nangis*, à voir le pays ennemi, soit par l'incapacité de ses chefs, soit par l'effet d'ordres secrets. »

Edouard III arrive à la Hougue avec deux cents vaisseaux; bientôt toutes les places de la Normandie sont soumises ou enlevées d'assaut, toutes, à l'exception de Cherbourg. *12 juil. 1346*

« Et vindrent les Anglois, dit *Froissart*, en une bonne grosse et riche ville qui s'appelait Chierebourg, mais dans le chastel ne purent y entrer pour le grant nombre de gens d'armes ; sy passèrent outre. »

Le roi de France, Jean dit *le Bon*, cède la ville de Cherbourg à Charles d'Evreux dit *le Mauvais*, roi de Navarre, à titre de vassalité de la couronne de France. *1352*

Charles *le Mauvais* débarque avec dix mille hommes et ravage la Normandie. Traité de pacification signé à Valognes, par lequel on convient « que Cherbourg demeurera sous la souveraineté du roi de France ; que ce roi y pourra placer un officier pour le représenter, jusqu'à ce que le commandant qui y sera de la part du roi de Navarre lui ait rendu les devoirs de vassalité en personne. » *1355*

Charles *le Mauvais* devient rebelle une seconde fois. Jean *le Bon* est contraint d'assiéger *1356*

2.

Cherbourg et ne s'en empare qu'après la plus vigoureuse défense.

1357   Pendant la captivité du roi Jean en Angleterre, Charles, dauphin, duc de Normandie, remet Cherbourg entre les mains du roi de Navarre, échappé de la prison d'Arleux, en Artois.

1363   Pierre I.er, roi de Chypre, vient à Cherbourg supplier Charles *le Mauvais* de ne point déclarer la guerre au roi de France qui lui a promis de l'aider à combattre les Infidèles. Le navarrois le reçoit assez bien, mais continue néanmoins à lever des troupes.

1366   Charles *le Mauvais*, pour récompenser les habitans de Cherbourg du courage qu'ils n'ont cessé de montrer dans toutes les occasions, soit en attaquant l'ennemi hors de leurs murs, soit en se défendant dans leur château, les crée tous *nobles* et *barons* ; distinction unique dans l'histoire et qui a donné lieu à l'expression *pair à baron*.

1370   Deux chefs de ribauds, *Jacques de la Pipe* et *Robert Cranoles* attaquent et prennent la ville et le château de Cherbourg, mais ils sont presque aussitôt obligés de les rendre.

1378   Charles *le Mauvais* vend Cherbourg à Richard II, roi d'Angleterre, pour le prix de 22,000 marcs d'argent. Il s'en réserve seulement la seigneurie.

1379   Siége de Cherbourg par Duguesclin. Il éprouve une telle résistance qu'après plus de six mois il est forcé de se retirer. Laissons parler Froissart : « à grant mise démourèrent les François devant Chierebourg , jusque bien avant dans l'yver et à petit de conquest. S'y advisirent que ils gastoient leur temps , et que Chierebourg étoit imprénable et que tout rafraîchissement tant de gents d'armes comme de vivres leur pouvoient venir par mer : par quoy les François se deslogèrent et misrent bonne garnison à l'encontre de Chierebourg, c'est à savoir : à Montebourg, aux ponts d'Oue, à Carentan , à Saint-Lô et à Saint-Sauveur-le-Vicomte. Puys donna le connestable congié à tous ceulx de sa route et se retrahit chacun en son lieu. »

Cette même année un grand nombre d'escarmouches ont lieu entre les Anglais de Cherbourg et les Français de Valognes. L'avantage reste presque toujours aux premiers. Il se passe entr'autres une action assez vive près de la forêt de Valognes. Desbordes , gouverneur du Cotentin pour le roi de France, est fait prisonnier.

Une des principales conditions du contrat 1394 de mariage d'Isabelle de France, fille de Charles VI, avec Richard II, roi d'Angleterre, est le rachat de Cherbourg des mains des Anglais.

Le conseil de Charles VI refuse de restituer 1397 Cherbourg à Charles *le Noble*, fils de Charles *le Mauvais*.*

---

* Ce ne fut qu'en 1404 que l'on donna à ce prince, pour le dédommager, une somme de 200,000 livres avec le duché de Nemours érigé en pairie.

1418   Le duc de Glocester, frère de Henri V, roi d'Angleterre, assiége Cherbourg avec une armée de cinq mille hommes. Le gouverneur, Jean d'Angennes, défend courageusement la place pendant environ trois mois, mais ne recevant aucune espèce de secours, il se voit dans la nécessité de capituler. Cherbourg tombe au pouvoir des Anglais et y reste plus de trente ans de suite.

1420   Henri V, roi d'Angleterre, vient à Cherbourg.

1435   Traité d'Arras qui maintient à l'Angleterre la propriété de Cherbourg.

1443   Le comte de Sommerset débarque à la tête de huit mille hommes.

1450   Après la bataille de Formigny, où plus de quatre mille Anglais mordirent la poussière, le connétable de Richemont se présente devant Cherbourg. La ville et le château sont défendus par deux mille hommes des plus déterminés. Le siége est poussé avec vigueur. On emploie une nouvelle espèce de *bombarde*, dont, suivant les chroniques, les Anglais sont *moult ébahis car oncques n'avoient eu connoissance d'un tel mystère*. Nicolle Gilles rapporte qu'il y eut un gros canon et quatre *bombardes* rompus à force de tirer. A la fin, *Thomas Gonnel*, gouverneur pour le roi d'Angleterre, fait sa soumission et les Français entrent dans Cherbourg le 12 août de cette même année,

jour mémorable où les Anglais sont entièrement chassés de la Normandie.*

Louis XI accorde aux habitans de Cher- 1464
bourg un privilége par lequel, en considéra-
tion de *leur fidélité* et *grande loyauté*, il les affranchit de toutes tailles, aydes et autres char-
ges quelconques.

Charles de France, frère de Louis XI, ob- Mai
tenant la Normandie pour apanage, devient 1467
propriétaire de Cherbourg.

Cherbourg rentre sous la puissance directe 1469
du roi, par l'échange de la Normandie contre
la Guyenne.

Marguerite, fille de Réné, roi de Naples et 1480
épouse de Henri VI, roi d'Angleterre, vient à
Cherbourg.

---

* La reddition de Cherbourg causa une joie générale dans le Cotentin. Tous les ans, le 12 du
mois d'août, on fait, en mémoire d'un si grand événement, une procession solennelle dans la cathé-
drale de Coutances.

Voici le texte de l'antienne qui a été composée
à ce sujet :

« *Omnis populus certabat in cunctis tribubus di-
cens : rex liberavit nos de manu inimicorum nostro-
rum, et ipse salvavit nos, usquequò siletis et non
reducitis regem ?*»

Cette antienne fut supprimée dans l'*ordo* constitutionnel comme renfermant des allusions à la position de la France au tems de la république.
«L'héritier du trône, dit M. de Gerville, était
alors sur une terre étrangère ; on conçoit que cette
antienne ne devait pas être à l'ordre du jour.»

1483   Charles VIII, roi de France, confirme aux
habitans de Cherbourg tous les priviléges qu'ils
ont obtenus de Louis XI.

1498   Confirmation des priviléges par Louis XII.

1504   La peste fait périr une partie de la popula-
1517 tion.

1520   François I.er confirme les priviléges des habitans de Cherbourg.

1532   Le roi François I.er vient visiter Cherbourg.
Il est accompagné du dauphin (depuis Henri
II) et d'une partie de sa cour. Il fait son entrée le 28 avril ; plusieurs chroniqueurs se sont
amusés à décrire la manière dont il fut reçu.

Léobin Lefillastre, abbé de Cherbourg, tous
les religieux de l'abbaye, le clergé de la ville
auquel s'était joint celui des paroisses voisines,
allèrent en procession au-devant du roi jusqu'au de-là du pont du Roule. L'artillerie était
hors des remparts et la bourgeoisie sous les
armes. Aussitôt qu'on aperçut le roi, son arrivée fut annoncée par une triple décharge de
l'artillerie placée sur le pont à laquelle ré-
pondirent le donjon , la tour des Sarrazins et
la mousqueterie des bourgeois et des archers
commandés par Jean de Fontaine, écuyer,
lieutenant-de-roi.

Après quoi le cortége se mit à défiler.

Allaient d'abord cent hommes à cheval, vêtus de la livrée du roi ; suivaient les con-
frères de Jésus et de Notre-Dame avec leurs
croix, leurs bannières et leurs chaperons. Puis,

le clergé de la ville et les chanoines tous en chapes.

Les bourgeois marchaient en haie de chaque côté des rues, et la marche était terminée par les quatre-vingts lances de la garnison, les uns et les autres ayant leurs drapeaux semés des armes du roi et ornés de cette devise : *Regi augusto et quieti urbis.*

Allaient ensuite le vicomte de Cherbourg, les juges de l'amirauté, des traites foraines et du baillage abbatial, avec les procureurs du roi, avocats, officiers, greffiers et huissiers de ces siéges.

Puis venaient deux cents archers de la garde du roi et les cent gentilshommes et officiers de sa maison.

Après eux le roi parut, somptueusement vêtu et monté sur un cheval turc enbarnaché de velours bleu, semé de fleurs de lis d'or. Il avait autour de sa personne quatre écuyers, savoir : M. Louis d'Orléans, duc de Longue-ville, remplissant les fonctions de grand chambellan ; le duc de Vendôme, premier gentil-homme de la chambre ; le duc de Lorraine, capitaine des gardes, et le duc de Nemours, pre-miér écuyer, tous entourés de gardes-du-corps avec leurs hoquetons battus d'or et d'argent.

Suivait M. le dauphin accompagné du car-dinal Charles de Lorraine, archevêque de Rheims, des évèques de Bayonne et d'Albanie, du nonce du pape, du marquis de Saluces, de l'amiral Chabot, des comtes de Saint-Paul,

dé Brienne et de Saint-Pierre. Cette marche
était terminée par plus de douze cents chevaux.

Les clefs de la ville furent présentées au roi,
dans un plat d'argent, par Jean de l'Asne, gouverneur de la place, accompagné de douze des
plus notables bourgeois, qui adressa au roi le
discours suivant, à la porte Notre-Dame :

« Sire, les subites nouvelles de votre très-jo-
yeux advènement en votre ville de Cherbourg
ont tellement récréé et réjoui les cœurs de
tous ses habitans, vos très-affectionnés et fidèles vassaux et subjets, que la mémoire de leur
très-grande misère étant du tout assoupie,
(encore que les piteuses ruines causées par
les guerres passées restent devant vos yeux)
et l'oubliance du passé par vous commandée
et ratifiée entr'eux, ils s'efforcent et emploient
à vous témoigner le très-humble, très-loyal
et très-affectionné debvoir, loyauté, dévotion
et service, qu'ils vous portent et doibvent,
pourquoi ils ont la gloire de mériter de vous
et de vos prédécesseurs le nom et titre de très-
fidèles, loyaux et debvouez subjets, dans les
chartres que vous et eux leur avez accor-
dées. Ayant très-grande peine qu'ils n'ont eu
pouvoir de plus évidemment vous le faire con-
noître par appareil plus digne de Votre
Majesté ; mais ils se consolent en ce que la
magnificence d'un roi tel que vous, Sire, aura
plutôt égard à la bonne volonté qu'à l'effet,
non correspondant à votre grandeur, mais
tel

tel que la publique calamité et leur particulière impuissance l'ont pu permettre, vous très-humblement supplient, Sire, recepvoir ce qui naturellement vous appartient, leurs personnes, leurs biens et leurs biens avec perpétuelle fidélité et obédience, espérant, Sire, que vous les défendrez de toute injure et de tout outrage, et que vous les traiterez comme vos très-loyaux serviteurs. Ce faisant, non seulement sous votre règne et gouvernement ils seront en repos, mais aussi le dieu des armées qui a élevé Votre Majesté sur le trône royal, continuera l'heureuse félicité dont il a toujours couronné vos actions, conseils et entreprises. »

Après cette harangue, le roi trouva entre les deux portes quatre des principaux bourgeois vêtus de longues robes de damas noir parmentées de velours rouge, portant un dais de satin violet brodé d'or et semé des armes du roi, de M. le dauphin, de la ville et de la province. Le roi se plaça sous le dais et fit son entrée dans la ville, au bruit de l'artillerie et au milieu des acclamations du peuple. Les rues par où Sa Majesté passa étaient toutes tapissées, ornées de tableaux, d'arcs de triomphe et jonchées de fleurs. Le roi fut de cette manière conduit à l'église, où il fut reçu et complimenté par messire Robert Le Serreur, curé de Cherbourg et official de Valognes, revêtu d'une magnifique chape de drap d'or.

Au milieu de la nef de l'église, on avait éle-

3

té un grand théâtre où il y avait un trône sur lequel se mit le roi. M. le dauphin s'assit auprès de lui un peu plus bas. Les officiers de la couronne se placèrent ensuite, chacun selon son rang et sa qualité.

Le *Te Deum* fut entonné par M. le cardinal de Lorraine et solennellement chanté. L'on fit jouer les ressorts du *monument de l'Assomption* (*), et le roi parut y prendre beaucoup de plaisir.

Après le *Te Deum*, le roi fut loger au château où il coucha. Il séjourna trois jours, pendant lesquels il accorda les plus belles franchises à la ville et fit ouvrir les portes des prisons. De là, il partit pour la Bretagne, au bruit d'une triple décharge de toute l'artillerie des remparts.

1547   Confirmation des priviléges par Henri II, roi de France.

1554   Retour de la peste.

(*) Le *monument de l'Assomption*, inventé par un habitant de Cherbourg, nommé *Jean Auber*, et placé en 1468 sous la voûte de la nef de l'église, représentait en personnages mûs par des ressorts le couronnement de la *Vierge* dans le ciel. Le jeu de ces ressorts était mis en mouvement chaque année le jour de l'*Assomption* avec une grande solennité. Ce pieux spectacle attirait beaucoup de monde, même des pays étrangers, et il donna naissance à une illustre confrérie. Le *monument de l'Assomption* est resté dans l'église de Cherbourg jusqu'à la première révolution,

Charles IX approuve tous les priviléges ac- 1562
cordés par ses prédécesseurs aux habitans de
Cherbourg et divise la milice bourgeoise en
quatre compagnies, chacune avec un capitaine.
Leur devise est : *semper fui conservatrix.*

Cette même année , Montgommery, général
huguenot , assiège Cherbourg , mais Jacques
de Matignon , lieutenant – général du roi en
Normandie, l'oblige sur-le-champ à se retirer.

Le duc de Bouillon est également contraint
de porter ses vues d'un autre côté.

Pierrepont, gentilhomme du Cotentin , se 1563
révolte et réunit des troupes pour s'emparer
de Cherbourg. Matignon l'observe, l'attaque
à l'improviste et le fait prisonnier. Blessé dans
l'action , il meurt à son arrivée à Cherbourg.

A la nouvelle de la Saint-Barthélemy , les 1572
catholiques de la Basse-Normandie voulant
imiter ceux de Paris, Matignon interpose son
autorité et empêche qu'il y ait dans tout le
pays une seule goutte du sang des protestans
de répandu.

Le même Matignon venait de faire ré- 1574
parer les fortifications de Cherbourg , auxquelles il avait ajouté , du côté du *Faubourg,* un bastion, nommé *le Bastion de Saint-
François,* lorsque Montgommery revient à la
charge , soutenu par un corps considérable
d'Anglais. Il investit la ville et se dispose à l'attaquer, mais en examinant l'état de défense de
cette place, il pense avec raison, qu'il fera tout

aussi bien de renoncer à son projet. Il exécute donc sa retraite, non sans avoir préalablement pillé l'abbaye, située hors des murs, et mis le feu, dans l'église de cette maison, à la chaire de l'officiant.

1576   Nouvelle confirmation des priviléges des habitans de Cherbourg par Henri III.

1589   La ville de Cherbourg est une des premières qui reconnaissent Henri IV. Pendant la guerre de la *Ligue* elle avait été une des trois (*) qui étaient restées fidèles au roi.

1591   Le Dimanche des Rameaux de cette année, des Français rebelles, au nombre de six cents, commandés par un nommé *Dutourp*, essayent de surprendre Cherbourg. Ils saisissent l'instant où se fait la procession. Mais les habitans, qui ont été prévenus de leur dessein, sortent tout-à-coup armés et les taillent en pièces. *Dutourp* est tué, et sa tête placée au bout d'une pique sur la porte de la ville. En mémoire de cette action valeureuse, on fit pendant long-tems la procession chaque année autour de Cherbourg, la veille du jour des Rameaux. (**)

1594   Henri IV confirme les anciens priviléges des

(*) Cherbourg, Caen et Dieppe.

(**) Cette procession était dite *de la bonne femme*, parce que c'est une vieille femme qui découvrit les projets des rebelles et vint en donner avis.

habitans de Cherbourg et leur en accorde une foule de nouveaux, pour les récompenser de leur fidélité. Il est dit dans la charte de ce roi : « qu'ils sont dans un bon et entier devoir, se tenant toujours bien armés, équipés et munis de bonnes munitions de guerre pour eux conserver ladite ville en son obéissance, comme ils ont fait, et continuent durant les guerres et troubles, ayant pourvu à toutes les entreprises de nos ennemis et rebelles, ce qui a nonseulement servi pour icelle ville, mais encore pour la sûreté, tuition et manutention de notre pays et royaume. »

La peste reparaît encore.   1597

Louis XIII ratifie les priviléges des habi- 1613 tans de Cherbourg.

La peste. Cette fois elle est apportée de la 1623 Rochelle par le capitaine d'*Aubierre*. Elle ne cesse entièrement qu'en 1626.

De Callières, lieutenant de roi à Cherbourg, 1649 va avec de l'artillerie assiéger la ville de Valognes qui s'est rangée du parti de *La Fronde*.

Louis XIV confirme les priviléges de la 1653 ville de Cherbourg.

Arrivée à Cherbourg de l'infortuné Jacques 1688 II, dernier des Stuarts. Il y reste huit jours, et « reçoit, au rapport d'un historien, beaucoup de consolations de la part des habitans. »

Le 30 mai lendemain du fameux combat 1692 de la *Hougue*, où l'amiral de Tourville s'était couvert de gloire en luttant contre les flottes combinées de l'Angleterre et de la Hollande, une partie des vaisseaux français se réfugie dans la baie de Cherbourg. L'ennemi l'y poursuit. Un nouveau combat a lieu, combat qui dure toute une journée, et à la suite duquel les Anglais sont forcés de s'éloigner. Mais le feu ayant pris malheureusement à trois vaisseaux, *le Soleil Royal*, *l'Admirable* et *le Triomphant*, ils sautent avec un fracas épouvantable. Les équipages échappent en partie à ce désastre et sont sauvés par les prompts secours des habitans de Cherbourg.

1694   Les Anglais se montrent devant Cherbourg, mais ils n'osent pas commencer le bombardement. Ils en font autant l'année suivante.

Sept.   Les Anglais reparaissent avec soixante vais-
1708 seaux. Ils tentent d'effectuer une descente. La valeur des habitans les force à abandonner ce projet.

1709   Un convoi de cent-cinquante navires marchands chargés de blé est poursuivi par une escadre anglaise jusque dans l'anse de Cherbourg. Les habitans donnent dans cette circonstance de nouvelles preuves de zèle et de courage.

1758   Prise de Cherbourg par les Anglais.

Les Anglais opérant des armemens considérables, on fait pratiquer des lignes dans les lieux voisins de Cherbourg, où une descente est à craindre. Le 2 mai, l'armée navale anglaise vient mouiller dans l'anse d'*Urville*, à trois lieues vers l'ouest. Elle sonde cette anse et s'approche de la grande rade , puis appareille et retourne à Portsmouth.

Le 5 août, les Anglais reviennent mouiller sur la grande rade et font tous leurs préparatifs pour descendre à *Urville*. En voyant les Français faire quelques mouvemens dans leurs lignes, ils s'imaginent qu'on veut s'opposer à ce qu'ils descendent ; alors , ils rangent leurs vaisseaux par le travers , et à la faveur d'un feu terrible de leur artillerie , débarquent et s'emparent des hauteurs.

Les Français s'étant retirés tout-à-fait de leurs lignes, et ayant quitté la ville, (*) les Anglais entrent à Cherbourg le 8 août à sept heures du soir.

_____

(*) Voici quelle était la composition de l'armée française :

Milice bourgeoise.	600 hommes.
Garde-côtes	3000 hommes.
Régiment d'Horion	2 bataillons.
Régiment de Clare	1 bataillon.
... de Lorraine . . .	1 bataillon.
Dragons de Languedoc . . .	1 régiment.
Artillerie	80 pièces de gros calibre.

Ces troupes étaient sous le commandement du comte de *Rémond*, qui, à ce qu'il paraît, perdit totalement la tête. Certes, il était difficile de s'op-

Pendant le temps qu'ils y séjournent, ils détruisent et comblent le port, renversent les jetées, brûlent trente-deux navires marchands, minent les forts, consomment ou embarquent les munitions et approvisionnemens, et enlèvent les canons de la place, ainsi que les cloches de l'abbaye.

En outre, le général *Blygh*, leur chef, exige de la ville une contribution de 44,000 livres.

Mais, le 16 du même mois, le bruit se

poser au débarquement des troupes anglaises, qui s'effectuait sous la protection de vingt navires de guerre tirant par volée, de minute en minute, près de cinq cents coups de canon à la fois; mais ne pouvait-on chercher à tourner l'ennemi, à s'emparer avant lui des hauteurs? Ne pouvait-on, après le débarquement, fondre avec toutes les forces réunies sur cette armée anglaise qui ne comptait pas, assure-t-on, plus de 7000 hommes et de 600 chevaux?

Loin de là, dès le 7, le comte de *Rémond* donne ordre de ne point tirer sur les galiotes qui commençaient le bombardement. Il fait mieux encore, il fait enclouer les canons et mortiers et jeter à la mer les poudres, les bombes et les gargousses. Enfin, après avoir divisé ses troupes en petits détachemens, qu'il envoie dans les campagnes pour couper les passages, il se sauve à Valognes, abandonnant la ville à la merci des ennemis.

Après le départ de leur général, les Français se retirèrent au *Mont-Epinguet*, sur la route de Cherbourg à Valognes, où ils campèrent au nombre de 16 à 17 mille hommes.

répandant que quelques corps de la Maison du roi sont à Valognes, les Anglais se jettent précipitamment dans leurs vaisseaux et font voiles pour l'Angleterre.

Deux vaisseaux de guerre anglais entrent dans l'anse de Cherbourg et insultent les bâtimens français. 1777

Le comte d'Artois (depuis Charles X), envoyé par le roi Louis XVI, son frère, vient inspecter les travaux de Cherbourg. Il séjourne trois jours. 22 mai 1786

Louis XVI à Cherbourg. 22 juin 1786

Le roi arrive à dix heures et demie du soir.

Le lendemain 23, il se lève à trois heures du matin, entend la messe et se rend sur le chantier des travaux, vêtu d'un habit écarlate avec la broderie de lieutenant-général et parsemé de fleurs de lys d'or. Les officiers de la marine l'y attendaient. Il les fait ranger sur une ligne et prend leurs noms, en disant : « Il faut bien que nous fassions connaissance.» (*)

A quatre heures, le roi s'embarque, traverse l'escadre mouillée en rade, au bruit de toute l'artillerie des vaisseaux et des forts, et se rend sur un des *cônes* déjà placés pour asseoir la *digue*. Là, on lui donne le spectacle du placement d'un nouveau *cône*. Il dîne sur le *cône* avec toute sa suite.

Après le dîner, il se rembarque, se rend au

(*) Voyage de Louis XVI dans sa province de Normandie. Paris, Lacourière, 1824.

fort de l'*Ile Pelée*, qu'il nomme *Fort Royal*, et revient descendre auprès du *Fort d'Artois*.

Le 24, le roi remonte dans son canot et se fait conduire à bord du *Patriote*, vaisseau amiral de l'escadre d'observation, sur lequel il dîne. Ensuite, il fait voile jusqu'à près de trois lieues en mer et assiste à un combat naval simulé entre les vaisseaux de l'escadre. Ce combat dure près de quatre heures. On y représente un *démâtement*, un *abordage* et une *amenée* de pavillon. A son retour, le roi visite l'anse d'*Urville* et se fait expliquer la suite des opérations effectuées par les Anglais en 1758. Il débarque encore auprès du fort d'Artois. (*)

Le 25, le roi visite les forts d'Artois et de Querqueville, ainsi que tous les établissemens de la marine.

Le 26, il quitte Cherbourg en laissant une somme de dix mille livres pour les pauvres de l'hôpital, et une de deux mille pour ceux de la ville.

26 mai 1811   Bonaparte et Marie-Louise à Cherbourg.

L'empereur et l'impératrice arrivent à trois heures et demie de l'après-midi.

(*) Un vieux vaisseau devait, pour le plaisir du roi, être coulé par les boulets du fort; mais ce prince, plus sage que ceux qui lui avaient ménagé cette surprise, ordonna que ce vaisseau fût vendu et l'argent donné aux pauvres.

Lorsque paraît la voiture impériale , M. Delaville , maire , à la tête du corps municipal , s'approche de la portière de droite, tenant à la main un plat d'argent avec des clefs, et dit :

SIRE,

« Nous avons l'honneur de présenter à Votre Majesté les clefs de la ville de Cherbourg.

» Nous vous recevrons mal , mais nous vous aimons bien et nous venons vous le dire (*) ».

La musique exécute l'air : *Où peut-on être mieux !* Toutes les cloches sonnent et le bruit de l'artillerie se fait entendre.

L'empereur et l'impératrice n'ont pas plutôt mis pied à terre qu'ils se rendent au *Grand-Port,* s'embarquent et visitent la rade et les forts.

Le lendemain 27, l'empereur monte à cheval à cinq heures du matin , visite le *chantier* des constructions navales, parcourt le *tracé* de l'enceinte fortifiée du port et va sur les hauteurs qui dominent la rade pour statuer sur les ouvrages à exécuter.

La journée du 28 est consacrée à l'examen des *projets* du port et des fortifications.

Le 29 , l'empereur visite encore les *Calles,* les chantiers et les hauteurs. Il passe en revue

_____

(*) Procès-verbal de ce qui s'est passé, etc.

là *garde d'honneur* et s'occupe des fortifications.

Ce même jour, à quatre heures du soir, l'impératrice fait une promenade en mer, mais le vent devenant un peu fort, et la mer houleuse, elle débarque, remonte dans sa calèche, et va se promener dans la campagne.

Le 30, l'empereur s'embarque et visite les différens bâtimens. Un vent frais de nord-est s'étant élevé, il manifeste le désir de voir appareiller la division du contre‑amiral *Troude.* Ce commandant ayant donné le signal, l'empereur expédie un canot au‑devant de l'impératrice, et ordonne d'apporter son déjeûner sur la *digue.* Bientôt tous les bâtimens sont sous voiles, se dirigeant par la *passe de l'ouest ,* et l'empereur et l'impératrice, chacun dans leur canot, les suivent jusqu'à une certaine distance.

Après le déjeûner, qui a lieu sur la *digue* même, au milieu des soldats, et pendant lequel l'empereur et l'impératrice suivent des yéux les manœuvres de la division, ils quittent la batterie, débarquent au *Port militaire* et montent dans leurs voitures de voyage.

Des salves d'artillerie annoncent leur départ à une heure et demie de l'après‑midi.

25 août 1813   L'impératrice Marie‑Louise revient seule à Cherbourg pour assister à l'ouverture de l'*avant-port du Port militaire.*

13 avril 1814   Le duc de Berry débarque à Cherbourg, à sa rentrée en France, au milieu d'unanimes

acclamations. Il quitte cette ville le jour suivant, en laissant aux autorités une forte somme pour les pauvres, et en faisant grâce à *six cents* conscrits réfractaires qu'il renvoie dans leurs familles.

Voyage de M. le duc d'Angoulême à Cherbourg. 25 oct. 1817

Madame la Dauphine à Cherbourg. 10 Sep. 1827

La princesse fait son entrée en calèche découverte, au milieu d'une population immense, et est reçue à la porte de son palais par M. *Pouyer*, préfet maritime.

Elle visite le 12 l'*hôpital* de la marine dans tous ses détails, le *port militaire*, s'embarque dans le *canot royal* et se rend sur la frégate l'*Astrée*, qui exécute en sa présence divers exercices.

Elle quitte Cherbourg le 13, à cinq heures, en laissant au maire une forte somme pour l'hospice, et au sous-préfet *mille francs* pour les pauvres de la ville; en outre, une somme de *mille soixante-dix francs* est distribuée par ses ordres à différens ouvriers et canotiers.

Monsieur le Dauphin à Cherbourg. 24 août 1829

Vers quatre heures un quart, le canon de la place annonce l'arrivée du prince.

Le lendemain 25, fête de M. le Dauphin, S. A. R. assiste à une messe militaire et à un *Te Deum*, reçoit la *Société royale académique* de Cherbourg et se rend au *port militaire*.

Ensuite elle passe en revue les troupes de

terre et de mer. Dès le matin, le prince avait remis une somme de *mille francs* à M. le Maire pour les pauvres de la ville, et une pareille somme de *mille francs* à M. le Sous-Préfet pour ceux des douze communes les plus voisines de Cherbourg.

Le 26, le prince se rend au *port militaire* et s'embarque sur le *canot royal*, au milieu des salves de toute l'artillerie. Il rentre à son palais à cinq heures, et le soir se rend au bal qui lui est offert par la ville.

Le 27, le prince sort du palais à quatre heures du soir, visite *l'établissement des Bains de mer*, puis se rend dans le port militaire pour y voir lancer le *Suffren*, vaisseau de 90 bouches à feu.

M. le Dauphin part de Cherbourg le 28, à sept heures et demie du matin (*).

16 août 1830 Charles X et toute la famille royale de France s'embarquent à Cherbourg sur les deux bâtimens américains le *Great-Britain* et le *Charles-Caroll*, pour l'Angleterre.

10 juin 1831 Don Pedro, empereur constitutionnel du Brésil, chassé de ses états, débarque à Cherbourg avec l'impératrice sa femme, fille d'Eugène Beauharnais. Ils descendent à l'hôtel de la préfecture maritime.

23 juil. 1831 Dona Maria, fille de don Pedro, arrive à Cherbourg pour se joindre à sa famille.

2 août 1831 Don Pedro et toute sa famille s'embarquent pour l'Angleterre.

(*) Relation de ce qui s'est passé, etc.

Première Journée.

Le Port de commerce. — Le Vieil Arsenal. —
L'Établissement des Bains de mer. — La
Manutention de la guerre. — Le Chantier
des bâtimens civils de la marine. — Les
Salles des modèles et plans en relief. — Le
Canal de retenue. — L'Entrepôt réel.

Port de Commerce.

Le *Port de Commerce*, ou *l'ancien Port*,
consiste dans un *Avant-Port* et un *Bassin*,
entourés l'un et l'autre de murs de quai en
granit.

L'*Avant-Port* a 240 *mètres* environ de
longueur et 200 *mètres* dans sa plus grande
largeur.

Il communique avec la mer par un canal,
ou *chenal*, dirigé du nord au sud, et dans
lequel, ainsi que nous avons déjà eu occasion de le dire (*), on trouve au moins *dix-
huit pieds* d'eau.

Ce *Chenal* a 600 *mètres* de longueur et 50
de largeur.

La *Jetée* s'étend le long du *Chenal*. Elle

(*) Voyez page 8.

est en granit, bordée de parapets et terminée au nord par un *musoir*.

Entre l'*Avant-port* et le *Bassin*, est une *écluse* de 40 *pieds* de largeur et garnie de *portes-de-flot*, au moyen desquelles on retient dans le *bassin*, au moment de la marée montante, la quantité d'eau nécessaire pour que les bâtimens puissent toujours flotter.

Au-dessus de l'*écluse* se trouve un *pont* qui, par un mécanisme ingénieux, s'ouvre en deux parts pour laisser passer les navires.

Le *Bassin* a 408 *mètres* de longueur et 127 de largeur. A son extrémité sud, sont deux *calles de constructions* et une autre *calle de carénage et de débarquement*.

Le commerce de Cherbourg roule principalement sur les *mulets*, les *œufs* et les *salaisons*. Les *mulets* s'embarquent pour Bourbon et les Antilles, et les *œufs* se transportent en Angleterre.

On importe aussi une grande quantité de *bois* et de *fers* de la Suède et de la Norwége.

Le port de Cherbourg est resté long-temps ce que la nature l'avait fait ; c'est-à-dire, que la mer ne rencontrant aucun obstacle, s'étendait dans tous les sens bien au-delà de ses limites actuelles, et formait comme une espèce de grand lac, où tous les bâtimens venaient se réfugier aux approches d'un coup de vent ; ce qui faisait dire assez plaisamment à *Vauban* que « le Port de Cherbourg était l'auberge de la Manche. » Ainsi, par exemple, la mer baignait au sud le pied de la montagne du Roule, et longeait à l'ouest la rue appelée aujourd'hui de l'*Ancien Quai*.

« On l'a vue souvent, dit M. Asselin (*), s'élever dans les marées d'équinoxe jusqu'au Pont-du-Roule, qui était alors le seul accès possible pour entrer dans Cherbourg de ce côté. Cette immense plage étant ainsi couverte des eaux de la mer deux fois chaque jour, les bâtimens, lors de leur arrivée, y choisissaient leur place suivant leur tirant d'eau; et pendant la basse mer, ils se trouvaient à portée, soit de prendre, soit de déposer leur chargement; ceux qui avaient besoin de se faire réparer attendaient une grande mer qui les portait au rivage, où ils étaient à sec pendant la morte eau, et une autre grande mer venait les remettre à flot. »

C'est en l'année 1739 seulement, que l'on a fait les premiers travaux au port de Cherbourg. Il n'existait à cette époque qu'une *jetée* en pierres perdues et fort peu élevée, bonne tout au plus pour arrêter les sables de la *grève*.

Sur les vives représentations de M. *de Caux*, directeur du génie à Cherbourg, Louis XV ordonna de construire un *port* et un *bassin*. Il fut aussi décidé, qu'on formerait des *jetées*

(*) Détails historiques sur l'ancien port de de Cherbourg. Pages 14 et 15.

à l'entrée du *port*, qu'on bâtirait des *quais* et qu'enfin on établirait un *pont-tournant* sur la chaussée.

L'entreprise de ces ouvrages ayant été passée pour la somme de 560,000 fr., on s'en occupa immédiatement, et tous furent achevés en 1742.

Mais lorsque les Anglais s'emparèrent de Cherbourg en 1758, ils se complurent, pendant les huit jours qu'ils y restèrent, à tout bouleverser et à tout détruire (*), de telle sorte que les choses se retrouvèrent dans leur premier état.

En 1769, le gouvernement sentit la nécessité de reconstruire le *port* de Cherbourg, afin d'encourager les expéditions commerciales. On fit creuser un nouveau *bassin*, élargir les *quais*, rétablir l'*écluse* et replacer le *pont-tournant*.

L'*Ecluse* fut terminée en 1774.

Les *portes-de-flot* et le *pont-tournant* furent placés en 1775, en présence de M. *de Trudaine*, intendant des finances, chargé de la partie des ponts et chaussées.

La *jetée* a été portée au point où elle est maintenant, en 1826, par les soins et d'après les plans de M. *Victor Le Roux*, ingénieur en chef des travaux maritimes.

Le *bassin* n'eut pendant long-temps que 200 *mètres* de longueur. Il a été prolongé

(*) Voyez page 32.

vers le sud et agrandi, comme on le voit aujourd'hui, dans le courant de l'année 1831.

Une seconde *jetée* doit être construite à l'ouest du *chenal*. Elle sera beaucoup moins longue que celle de l'est, de façon que les navires entreront et sortiront facilement, quels que soient leur grandeur et leur *tirant-d'eau*.

Le *Vieil Arsenal*.

Le *Vieil Arsenal* de la marine, ainsi nommé, parce que c'est le premier *arsenal* créé à Cherbourg, est cette suite de bâtimens situés à l'est de l'*avant - port de commerce*, dans une direction parallèle au quai.

Il occupe un emplacement de 288 *mètres* environ de longueur sur 100 *mètres* de largeur et divisé en quatre grandes *cours* entourées de *bureaux*, d'*ateliers* et de *magasins*.

Dans le *pavillon* à droite en entrant, sont les *bureaux de la Direction du port* et celui de la *Majorité*. C'est à ce dernier *bureau*, que se délivrent les *permissions* pour visiter le *Vieil Arsenal*, le *Grand Port* et généralement tous les établissemens de la marine. Nous engageons le voyageur à le remarquer.

Cour n.° 1.— *Magasin général*.

Cette cour renferme :

1.° Les *bureaux des Approvisionnemens.*

2.º Les *Magasins* aux *fers,* aux *cuivres ;* aux *huiles*, etc.

3.º La *Quincaillerie*, au fond, derrière les *Balances.*

4.º La *Pavillonnerie,* au-dessus de la *Quin-caillerie.*

Après cette cour, on trouve le *Magasin de la direction du port;* puis une *petite cour* qui sert de dépôt pour le *leste* des petits bâti-mens de l'État. En face de cette cour, sur le bord du quai, est une *grue* pour le service de l'*Arsenal.*

Ensuite, c'est le *Magasin général des meu-bles et marchandises.*

Courn.º 2.—Direction de l'artillerie.

Dans cette cour, sont :

1.º L'*Armurerie.*

2.º Les *Forges.*

3.º La *Salle d'armes.*

4.º Les *Bureaux de la Direction de l'Ar-tillerie.*

On dépose aussi dans cette cour les *pièces* d'artillerie.

A droite, en sortant, est la *Bibliothèque du port,* dans laquelle on peut voir, entr'autres ouvrages intéressans, la *Description de l'Égypte,* publiée par les ordres de Napoléon, avec planches et atlas, édition magnifique;

Un *Plutarque* in 4°, traduction de *Ricard*, papier vélin superfin satiné, avec gravures;
L'*Histoire de la Russie ancienne et moderne*, par *Le Clerc*, in 4°, avec atlas, demi-aigle.
Le *Voyage de S. M. Charles X au camp de Saint - Omer* en 1827, avec gravures, in folio, etc., etc.

Cette bibliothèque, fondée en 1794, par M. *Bleschamp*, commissaire principal ordonnateur à Cherbourg, et entièrement abandonnée pendant nombre d'années, fut rétablie sous le ministère de M. *Hyde de Neuville*.

Elle ne contient guère que 1,000 volumes.

Elle est ouverte à MM. les officiers civils et militaires de la marine tous les jours de la semaine, à l'exception du samedi et du dimanche, depuis *onze* heures du matin jusqu'à *trois* heures du soir *en hiver*, et depuis *dix* heures du matin jusqu'à *quatre* du soir *en été*.

3.e *Cour.*— (Sans désignation particulière).

Elle renferme divers *magasins* et *ateliers*.

Ensuite on trouve l'*Atelier de garniture* et la *Maison d'arrêt de l'Arsenal*.

4.e *Cour.*— (Egalement sans désignation).

Dans cette cour sont tous les *Ateliers de serrurerie*.

Les *Hangars* qui suivent, servent à abriter les *mâts* confectionnés.

Sur la gauche, sont deux *Calles*, pour la construction des *frégates* ou *corvettes*. Derrière elles, on trouve encore les *Ateliers de mâture*, le *Logement du Gardien-major*, un *Corps-de-garde* et la *Batterie pour les salves*.

Un peu plus vers l'est, est la *Batterie d'instruction* pour la compagnie d'artillerie de marine.

A l'extrémité du *Vieil Arsenal* commence la *jetée*, que le voyageur pourra parcourir d'un bout à l'autre. Il y jouira de la vue de la *rade*, des *forts*, de la *digue*, du *port militaire*, d'une partie de la ville et de l'*établissement des Bains de mer*.

Etablissement des Bains de mer.

Dans le courant de l'année 1827, une *Société en commandite* ayant pour directeur-gérant M. *Cuman – Solignac*, négociant, eut l'idée d'établir à Cherbourg des *Bains de mer froids et chauds*, sur le modèle de ceux de *Dieppe* et de *la Rochelle*.

Cette Société avait acquis à cet effet une portion assez étendue de la grève située à l'est de la *jetée* du *port de commerce*, grève qui a l'avantage de conduire à la mer par une pente insensible et régulière, sur un tapis de sable fin, ferme et uni.

Le plan de l'*établissement projeté* présente, comme pour la plupart des établissemens de ce genre, d'abord, un vaste bâtiment avec beaucoup de cabinets particuliers, une grande salle d'assemblée, deux salons, une salle de jeu et une salle de billard.

Puis un *jardin* avec des promenades.

Enfin une *terrasse* du côté de la mer.

Aussitôt qu'un certain nombre d'*actions* fut placé, on s'occupa avec activité des travaux de construction, et, dès l'année 1829, ils furent assez avancés, pour que M. le Dauphin pût aller les visiter, lors de son voyage à Cherbourg. Sur la demande qui lui en fut faite par M. *Collart*, maire de la ville alors, le prince daigna permettre que l'*établissement des Bains de mer* de Cherbourg portât le nom de *Bains de S. A. R. Monseigneur le Dauphin.* (*)

A peu de temps de là, un procès s'éleva entre le directeur-gérant et les entrepreneurs, et les travaux furent arrêtés.

L'*établissement* reste donc inachevé, malgré le peu de dépense qu'il y aurait à faire pour le terminer.

Le bâtiment construit a 64 *mètres* de longueur sur 15 de largeur. Il est déjà divisé

_____

(*) Cette inscription a disparu depuis les évènemens de juillet 1830.

dans l'intérieur, conformément au plan adopté. Au-dessous sont de fort belles caves. Le dessus doit être une *plate-forme*, de laquelle on pourra voir une grande partie des navires entrant et sortant, à une distance inaperçue de la côte.

La *terrasse* du côté de la mer, large de 15 *mètres* environ, est soutenue par un *mur de défense* de *dix pieds* de haut.

Le *jardin* a 192 *mètres* de longueur et 64 de largeur. Il est entouré de murs, planté d'arbres verts et à fruit, et fermé par une grille en fer, à droite et à gauche de laquelle on à placé le *Logement du concierge et les Bureaux de l'administration*.

Si l'*établissement* se termine, comme on a lieu de l'espérer, on trouvera dan le *jardin* un *café* et un *restaurant*.

Les *baigneurs* auront toujours à leur disposition une grande *gondole* ornée et bien équipée pour faire des promenades en rade, et une *voiture à voiles*, pour courir en sens divers sur les sables du bord de la mer.

L'*établissement*, tout imparfait qu'il est, donne des bains. On y trouve dès à présent des *tentes mobiles* et des petites *voitures* fort bien construites.

Il s'y donne aussi des *bains de sable,* bains d'un effet si salutaire pour les personnes tourmentées

tourmentées de la *goutte* ou de *rhumatismes*.

S'adresser au *concierge*, soit pour prendre des bains, soit pour visiter l'établissement.

Manutention de la Guerre.

(Rue du Val-de-Saire, n° 6.)

C'est là que se fait le *pain* des troupes de la garnison.

Le bâtiment principal, situé au milieu de la cour, a été achevé en 1824. Il renferme, au rez-de-chaussée, le *magasin au pain* et la *boulangerie*; au premier étage et au second, des *greniers* pour les farines.

Dans la *boulangerie*, dont la voûte est à l'épreuve de la bombe, sont *trois fours*, pouvant contenir chacun 500 *rations*. Il y a ordinairement par jour *cinq* ou *six fournées*.

Le *bâtiment de l'est* renferme deux beaux *greniers*. On évalue à 6,000 *quintaux* la quantité de *blé* qui peut être déposée dans chacun d'eux.

5

Chantier des Bâtimens civils de la Marine.

(même rue, n° 4.)

On y voit différens *ateliers* de *menuiserie*, de *peinture*, de *ferblanterie*, etc.

Salles des modèles et plans en relief.

Du *Chantier des Bâtimens civils de la marine*, on peut entrer dans les *Salles des modèles et plans en relief*, qui en font en quelque sorte partie.

On traverse d'abord l'*atelier* où travaillent les *modeleurs* et *dessinateurs*.

Dans la première *salle*, se trouvent deux plans en relief. L'un représente *le terrain du port militaire dans son état primitif*, l'autre, *le projet de M. le baron Cachin*, tel qu'il fut *modifié* par les ordres de Napoléon.

On peut voir dans cette même salle, les *modèles* de tous les travaux exécutés jusqu'à ce jour à Cherbourg ; *modèles* de *charpentes*, de *cônes*, de *ponts*, d'*escaliers*, de *formes*, de *portes-de-flot*, de *batardeaux*, de *chaînes*, etc.

Dans la seconde *salle*, est un grand *plan en relief*, représentant *le projet de M. le baron Cachin*, dans son entier.

Deux autres petits *reliefs* sont: la *Digue, telle qu'elle était en* 1808, au moment où un coup de vent violent la culbuta, et *la Digue telle qu'elle doit être*, quand les travaux seront terminés.

Cette salle renferme aussi quelques *pétri-fications* assez intéressantes.

Canal de retenue.

Derrière les trois derniers établissemens que nous venons de décrire, on a construit, vers l'année 1769, un *canal* pour *retenir* les eaux de la *Divette* et du *Trottebec*. Ce ca-nal s'étend le long de la *route du Roule* dans une longueur de 500 *mètres*, jusqu'au *pont*. Il a 66 *mètres* de largeur et est garni en grande partie de parapets.

Il communique avec l'*avant-port de com-merce* par une *écluse*, à laquelle sont adaptées, du côté du *port*, des *portes-de-flot*. Ces *portes* se ferment d'elles-mêmes à la *marée montante*, pour empêcher l'eau de la mer de pénétrer

dans le *canal*, et s'ouvrent, également d'elles-
mêmes, à la *marée descendante*, pour laisser
écouler l'eau *retenue* dans le *canal*, laquelle devient ainsi un moyen de *curage* pour l'*avant-
port et le chenal.*

Au Pont du Roule sont d'autres *portes-de-
flot,* dont la destination est surtout de s'opposer aux progrès de la mer, en cas d'inondation.

Les eaux de la *Divette* et du *Trottebec*
réunies, suivent un *lit* qui leur a été tracé.
Dans les sables vaseux, à l'ouest de ce *lit*,
on enfouit, pour les conserver, tous les bois
propres à la *mâture*.

Entrepôt réel.

Il y a deux sortes d'*entrepôt :* l'*entrepôt
fictif* et l'*entrepôt réel*.

L'*entrepôt fictif* n'a lieu que pour les
denrées importées des colonies françaises.
Il consiste à laisser aux propriétaires de ces
denrées la faculté de les conserver un an
dans leurs magasins particuliers, sans être
obligés d'en acquitter les droits avant le moment de la consommation.

L'*entrepôt réel*, placé sous la surveillance

immédiate de la *Douane*, est ordinairement un vaste édifice, dans lequel on dépose toutes les denrées qui ne viennent pas des colonies françaises. Elles peuvent y rester trois ans entiers. Passé ce temps, il faut en acquitter les droits ou les exporter.

L'*entrepôt réel* de Cherbourg est situé sur le quai à l'est du *bassin de commerce*. On a commencé à le bâtir vers 1807, et il a été achevé dans les années suivantes. Il se compose de trois bâtimens et d'une grande cour de forme rectangulaire. La largeur de ces trois bâtimens est la même, environ 9 *mètres*. La longueur de celui de l'est est de 93 *mètres* 40 *centimètres*, et celle de chacune des ailes du nord et du sud, de 35 *mètres* 29 *centimètres*.

Au rez-de-chaussée, sont des *magasins* et au premier des *greniers*.

A droite de la *porte d'entrée*, se trouve un *petit bureau* pour le contrôleur des douanes de service à l'*entrepôt*, et à gauche un *corps-de-garde* pour les *préposés*.

Deuxième Journée.

---o---

NOTA. Le voyageur devra se munir de *deux permissions*, l'une, qu'il prendra au *bureau de la Majorité* (voyez page 43), pour visiter le *Port militaire* et les établissemens de la marine; l'autre au *bureau du Maréchal de Camp, commandant de la Place*, pour pouvoir entrer au *Fort d'Artois*.

Le Port militaire.

De tout temps, on a senti le besoin d'avoir, sur les côtes de la Manche, un port de refuge pour les vaisseaux de guerre. (*)

Déjà, vers la fin du seizième siècle, la position avantageuse de Cherbourg avait plus d'une fois fixé l'attention.

(*) M. Cachin. Mémoire sur la digue de Cherbourg.

En 1687, Louis XIV, guidé par différens mémoires du maréchal de Vauban, ordonna de creuser à Cherbourg un *bassin* propre à recevoir les gros vaisseaux. Il comptait aussi faire de cette ville une place forte en agrandissant son enceinte. (*) Les travaux furent commencés, *Vauban* lui-même les dirigea (**); mais tout-à-coup on les interrompit, et quelque tems après (en 1689), loin de les reprendre, on démolit les nouvelles fortifications et même les anciennes.

Cependant, l'issue désastreuse du combat de la *Hougue*, en 1692, prouva jusqu'à l'évidence de quel intérêt il est pour la France d'avoir dans la Manche un abri pour les escadres.

En 1756, l'idée d'obtenir cet abri se réveilla. Une commission se rendit à *La Hougue*, point que, dans son grand travail sur les frontières du royaume, *Vauban* avait signalé avec un soin tout particulier. Elle dressa un nouveau projet plus étendu que le premier, mais qui ne fut point mis à exécution.

En 1777, au commencement de la guerre d'Amérique, on parut songer enfin sérieusement à établir un *port militaire* dans la Manche. *M. de la Bretonnière*, capitaine de vais-

(*) Ad. Gondinet. Notice sur le port militaire de Cherbourg.

(**) Hist. somm. et chronolog. de la ville de Cherbourg.

ceau , et *M. Méchain* , qui a été depuis de
l'Académie des sciences, chargés de faire un
rapport à ce sujet , portèrent exclusivement
sur *Cherbourg* l'attention qu'on avait dirigée
jusque-là sur *La Hougue*. Ils démontrèrent
que ce dernier point , où se rencontraient
d'ailleurs de graves inconvéniens , ne pouvait soutenir un instant la comparaison
avec *Cherbourg*, qui réunit le double avantage
d'une situation plus avancée , et d'une rade ,
dont l'entrée et la sortie sont également faciles
par tous les vents et dans tout état de marée.

D'après ce rapport, et sur l'avis favorable
qu'il reçut du prince de Condé, de ses ministres de la guerre et de la marine et de plusieurs autres commissaires envoyés successivement sur les lieux , Louis xvi rejeta tout
projet de port à *La Hougue* et se décida pour
Cherbourg.

Cette détermination fut prise en 1781. *Dumouriez*, qui commandait alors Cherbourg,
prétend , dans ses *mémoires*, que c'est en partie au *duc d'Harcourt*, gouverneur de la
province , et à lui, qu'on en est redevable.

Les travaux commencèrent, et depuis lors ,
on n'a pas cessé de les continuer jusqu'à ce
jour, avec plus ou moins d'activité, excepté
toutefois, pendant la tourmente révolution-
naire , époque où l'on fut forcé d'abandonner toute espèce de travaux publics.

Le *Port militaire* ou le *Grand Port*, à un
quart de lieue environ vers le nord-ouest, a été

construit sur une côte de rochers schisteux , au fond d'une baie de 7,000 *mètres* d'ouverture et de 3,000 *mètres* de profondeur.

Il est enveloppé par une *enceinte bastionnée*, ayant la forme d'un triangle rectangle , dont le *fort d'Artois* occuperait le sommet.

Sa rade est couverte , à marée basse, d'une hauteur d'eau suffisante pour que les plus gros vaisseaux puissent toujours flotter. Elle possède un fonds d'une excellente tenue.

L'*avant-port* a 300 *mètres* de longueur, sur 230 environ de largeur , et peut contenir *quinze* vaisseaux de ligne. Il a été creusé dans le roc , à 50 *pieds* de profondeur, au-dessous du niveau des hautes mers. Son ouverture, indiquée par deux *môles* ou *musoirs*, est, du côté de la mer , de 60 *mètres* , et du côté de l'intérieur, d'à peu près 100 *mètres*. On lui reproche d'être un peu trop large et difficile pour les gros vaisseaux. (*)

Les travaux de l'*avant-port* ont été commencés en 1803, par les ordres de *Napoléon,* et terminés en 1813.

Le 27 août de cette année , on donna entrée à la mer en présence de l'impératrice *Marie - Louise*. Cette opération se fit en détruisant un *batardeau* de 200 *pieds* de longueur et de 45 à 50 de hauteur, qui « était admiré , dit M. *Asselin,* (**) par

(*) Ad. Gondinet. Notice sur le port militaire de Cherbourg.

(**) Détails historiques sur l'ancien port de Cherbourg.

» la disposition de toutes les pièces qui le
» composaient et par la combinaison de leur
» ensemble , telle qu'il a résisté à la violence
» des coups de mer , pendant sept ou huit
» ans qu'a duré le travail qu'il protégeait. »

Dès le 26 , de nombreux ouvriers s'étaient
mis à travailler à la destruction de ce *batardeau*.
Au lieu de détruire entièrement la charpente,
on se borna, pour éviter les accidens , à pratiquer au centre trois principales ouvertures,
dans une longueur de 80 *pieds*.

Le 27 au matin , une foule considérable
couvrait les bords du *bassin*, qu'on avait garni
de pieux et de cordes , par mesure de pré-
caution. Mais laissons à un témoin oculaire (*)
le soin de continuer cette description.

« Les ouvriers avaient cessé de travailler ,
» dit M. Lair , et au milieu de ce concours
» prodigieux de spectateurs , il régnait un
» silence profond , vraiment imposant. Sur
» les cinq heures un quart , lorsque la mer
» fut parvenue à une certaine hauteur , on
» la vit tout-à-coup entrer à travers trois ou-
» vertures pratiquées à la digue.

» Pendant ce tems , l'impératrice arrivait ,
» et sa présence fut annoncée par les fanfares

(*) Description de l'ouverture de l'avant-
port de Cherbourg.

» d'une musique guerrière et des salves mul-
» tipliées d'artillerie. Les cris de joie se con-
» fondirent long-tems avec le bruit des batte-
» ries. S. M. se plaça dans le pavillon qui lui
» avait été préparé. Alors M. l'évêque de
» Coutances, environné de son clergé, s'a-
» vança vers elle et lui adressa un discours
» analogue à la circonstance. Après le céré-
» monial et les prières d'usage, il se tourna
» du côté de l'avant-port et bénit cet ouvrage
» des hommes.

» . . . . Cependant la mer montait de plus
» en plus. Une triple cascade, tombant d'une
» grande hauteur, jaillissait en forme de
» nappe à travers la digue. Déjà une filtra-
» tion considérable, connue sous le nom de
» *Renard*, qu'on n'avait pu arrêter pendant
» tout le cours des travaux, ne semblait com-
» parativement qu'un courant très-faible.

» . . . . Un magnifique spectacle se pré-
» parait. Un grand nombre de lampions avait
» été allumé et placé sur plusieurs rangs dans
» le batardeau. On avait mis le long du bassin
» beaucoup de pots à feu, remplis de gou-
» dron enflammé. La mer continuait de
» monter et de prendre de la force. Il était
» neuf heures du soir, lorsque tout-à-coup
» nous entendîmes un bruit effrayant venant
» du batardeau. Après un craquement épou-
» vantable et une secousse violente qui durè-
» rent quelques minutes, nous vîmes le cen-

» tre du batardeau se briser en éclats du côté
» du bassin. Alors la mer, s'ouvrant un
» large passage, entra comme un torrent
» impétueux. Nous appréhendions que plu-
» sieur ouvriers n'eussent été entraînés et
» engloutis par les eaux. Nous fûmes bien-
» tôt rassurés. Nous nous étions approchés
» des parties du batardeau restées intactes, et
» nous les sentîmes trembler sous nos pieds.
» Le bruit produit par l'entrée rapide de
» l'eau de la mer continuait. De tems en
» tems il se faisait des déchiremens dans la
» charpente, et il s'en détachait de grosses
» pièces de bois, avec un fracas horrible. La
» lumière vive des lampions et des pots à feu
» avait remplacé celle du jour, et nous faisait
» paraître les eaux qui entraient en écumant,
» tantôt argentées et blanchâtres comme de
» la neige, tantôt rouges comme du feu, selon
» la différence des reflets. Cette scène était
» extraordinaire. Il est difficile d'en conce-
» voir de plus belles. »

Deux fosses avaient été creusées au fond
de l'*avant-port*. On y renferma dans une
boîte en chêne, recouverte d'une feuille de
plomb, toutes les pièces de monnaies françaises en circulation et 80 médailles en bronze,
du règne de l'empereur. Ce fut le ministre de
la marine, Decrès, qui, à son arrivée, le
23 août, présida à cette cérémonie. Dans chacune des fosses, on plaça une plaque en pla-

tine, sur laquelle on avait gravé la date de la construction du port et les noms des officiers publics qui en avaient dirigé les travaux.

Sur le bord du quai de l'*avant-port* est une superbe *grue*, avec laquelle on peut lever les plus lourds fardeaux. Près d'elle est un *hydromètre* construit sur le modèle du fameux *nilomètre* d'Egypte.

On descend dans l'*avant-port* au moyen d'escaliers en granit. C'est au bas de celui du côté ouest qu'ont débarqué Mgr. le duc de Berry, le 13 avril 1814, et l'empereur Don Pedro, le 10 juin 1831.

Charles X et la famille royale se sont embarqués le 16 août 1830, dans l'angle nord-ouest de l'*avant-port*.

« Au moment où nous entrions dans l'ar-
» senal de la marine, dit M. Théodore Anne,
» (*Journal de S.t-Cloud à Cherbourg*,) un cri
» de *vive la Charte*, se fit entendre. Ce cri
» isolé est le seul qu'on ait proféré devant
» Charles X pendant toute la durée du voyage.
» Le 64e de ligne bordait la haie; les soldats
» présentèrent les armes au roi, et les offi-
» ciers le saluèrent du sabre. Quelques-uns
» pleuraient; l'attitude de ce brave régiment,
» cette compassion pour un roi tombé, ces
» honneurs militaires qu'il lui rendait sans
» ordres et de son propre mouvement, ces
» sentimens qui s'identifiaient si bien avec les

» nôtres, tout cela formait un spectacle, un
» mélange de douces et de tristes pensées qui
» parlaient à l'âme. Bientôt nous nous trou-
» vâmes devant le bassin du chantier et en
» face des deux bâtimens américains le *Great*
» *Britain* et le *Charles Caroll* (c'est ainsi qu'on
» me les désigna), frétés pour transporter en
» Angleterre Charles X et son auguste famille.
» Le roi et les princes mirent pied à terre et
» descendirent dans le premier de ces navires.
» Quelques gardes se précipitèrent sur leur
» passage pour les voir encore une fois.
» *Madame* se trouva mal, dit-on, aussitôt
» qu'elle fut dans le vaisseau. On se hâta de
» transporter sur les bâtimens les malles du
» roi, des princes ou de la suite.

» ...... Un fait assez remarquable, c'est
» que le hazard voulut que les bâtimens frétés
» pour Charles X appartinssent à M. Patter-
» son, beau-père de Jérome Napoléon. A
» deux heures un quart, les capitaines de ces
» navires firent retentir les airs de leurs com-
» mandemens; les voiles se tendirent, les
» vaisseaux sortirent du port sous l'escorte
» d'une corvette et d'une gabarre de l'Etat, et
» notre mission se trouva accomplie : le roi
» et les princes avaient quitté le sol français.»

A gauche de l'*avant-port*, dans ce long bâtiment qui s'étend parallèlement au quai, et
qui est construit avec une certaine recherche,

sont les *bureaux* des différentes administrations.

Derrière, on trouve cinq *hangars* pour abriter les bois. Le premier renferme le *dépôt de la recette et du mouvement des bois,* et le second *l'école élémentaire.*

Le bassin, large de 210 *mètres* environ, a la même longueur que l'*avant-port*. Il communique avec lui par une *écluse* de 20 *mètres* de largeur, garnie de *portes-de-flot* et sur laquelle est un *pont-tournant.*

Commencé vers les derniers temps de l'empire, il a été livré à la mer le 25 août 1829, en présence de M. le Dauphin, qui scella lui-même dans le roc, sur l'axe de l'écluse ouest, et à 20 *mètres* du pied du talus, une plaque en platine contenant l'inscription suivante :

« Charles X,
» roi de France et de Navarre,
» ayant permis
» que son nom fût donné au port
» militaire de Cherbourg,
» l'ouverture de ce port a eu lieu
» le 25 août 1829,
» en présence de son Altesse Royale
» Monsieur le Dauphin,
» Fils de France, amiral de France.
» . . . . (*)
» Ministre de la marine et des colonies;
» M. Pouyer, préfet maritime;
» M. Fouques Duparc, Ingénieur en chef,
» Directeur des travaux hydrauliques. »

(*) Il n'y avait pas en ce moment de ministre de la marine.

Sur la *chaussée* de séparation, on a placé le *dépôt des pompes à incendie* et le *corps-de-garde des pompiers*.

Au nord du *bassin*, se trouve une excavation qui doit faire plus tard la *gare de la mâture*. Elle communiquera avec le *bassin* par une *écluse* et avec la mer par une autre *écluse*, aboutissant dans le fossé du *fort d'Artois*. Au moyen de cette dernière, ce *bassin* recevra directement les petits bâtimens chargés de munitions.

Dans le plan général du *port militaire*, il entre encore un troisième *bassin*. Il sera parallèle et contigu aux deux autres et devra contenir 3o vaisseaux de ligne.(*) On peut déjà remarquer au milieu du côté ouest de l'*avant-port* et du *bassin* le commencement des *écluses* de communication.

A l'ouest du bassin, se trouve *le chantier des travaux hydrauliques*, qui renferme différens ateliers de peu d'intérêt.

Plus loin, dans un vaste enclos fermé par une *grille en fer*, est le *parc de l'artillerie de marine*.

(*) Ad. Goudinet. Notice sur le Port militaire de Cherbourg.

Le Fort d'Artois.

Ce *fort* a été construit en 1784, sur la pointe d'un rocher nommé *Le Hommet*, d'où lui est venu le nom de *fort du Hommet* qu'il porta d'abord et qu'on lui donne encore quelquefois maintenant.

Il a été appelé *fort d'Artois*, lorsque *Monsieur*, *comte d'Artois* (depuis Charles X) le visita au mois de mai 1786.

Dans la révolution, il devint le *Fort de la Liberté*.

Il est à triple batterie, et à peu près à égale distance du *fort Royal* et du *fort de Querqueville*. Sa principale mission est de défendre la *passe de l'ouest*, c'est-à-dire, le passage laissé pour les vaisseaux à l'ouest de la *Digue*.

On se rend au *fort d'Artois* par la *porte nord* de l'enceinte du *Port militaire*, puis par une *jetée* en granit, divisée en *chaussée* pour les voitures et en *banquette* pour les piétons. Cette dernière est garnie dans toute sa longueur d'un *parapet* pour la fusillade.

La *jetée* se termine du côté du *fort* par un *pont*, qui établit une communication avec la *chemise* ou *enveloppe* du *fort*, consistant en un large *terre-plein* bordé dans toute sa partie nord d'une *batterie casematée*, avec des *plate-formes* pour mortiers, à ses extrémités.

6

L'enveloppe est séparée de *l'enceinte intérieure* par un fossé profond, que l'on traverse sur un *pont-levis*, en face de la porte principale au sud-ouest.

Dans cette *enceinte*, sont les *logemens de la garnison* et plusieurs *magasins à poudre*.

Le couronnement du *fort* est une *plate-forme* disposée de manière à recevoir une batterie du côté du nord.

Dans l'angle nord-ouest est un *four à boulets*.

Suite du Port militaire.

Au sud de *l'avant-port*, sont quatre *calles couvertes* pour la construction des vaisseaux. Elles ont plus de 80 *pieds* de haut. Leurs murs sont en granit, et leur charpente, composée de petites pièces de bois, mérite d'être remarquée. Chaque *calle* a coûté, dit-on, 300,000 fr. (*)

Au milieu des *calles*, on voit une *forme de radoub*. C'est un *bassin* ayant à peu près la *forme* d'un navire et dans lequel on conduit les vaisseaux pour les *radouber*, en profitant des hautes marées. On ferme la *forme* au moyen d'un *bateau-porte* et on la met à sec

(*) Ad. Gondinet. Notice sur le port militaire de Cherbourg.

avec des pompes. Les hautes marées remettent
le vaisseau à flot.

Au sud des *calles* sont différens ateliers et
deux *tentes* en planches, servant de dépôt,
l'une pour le *perçage*, l'autre pour le *cal-
fatage*.

Plus loin, vers l'est, on trouve l'*atelier des
forges* et celui des *machines*, qui contient une
grande *fonderie en fer* et plusieurs *machines
à vapeur*. La charpente en fer forgé de la
fonderie est fort élégante.

Enfin, derrière ces établissemens, sont les
ruines de l'ancien *fort du Galet* construit en
1690, par les habitans de Cherbourg eux-
mêmes, spontanément et à leurs frais.

Le voyageur sortira du *port militaire* par
la *coupure* faite dans la *fortification*, au sud
des dernières *calles*, et se rendra dans l'*enceinte
extérieure*, connue sous le nom de *Calles
Chantereyne*.

———————•◆•———————

Calles Chantereyne.

Cette *enceinte* prend son nom de l'*anse* sur
laquelle elle est située.

En 1145, pendant la guerre qui eut lieu entre le *comte Geoffroy d'Anjou* et *Etienne de Blois* au sujet de la succession de *Henri Ier*, roi d'Angleterre, l'impératrice *Mathilde*, femme de Geoffroy, passa en Normandie pour chercher du secours. Battue d'une tempête affreuse et sur le point de périr, elle fit vœu de fonder une *Abbaye* à l'endroit où elle pourrait débarquer ; elle promit en outre de chanter un hymne en l'honneur de la Vierge, aussitôt qu'elle verrait la terre, et de récompenser d'une manière digne d'elle celui qui la lui montrerait le premier. Un des pilotes l'ayant tout-à-coup aperçue, s'écria : « *Cante, Reyne !... vechi terre...* »

Et l'impératrice se mit à chanter selon sa promesse.

Elle débarqua dans l'*anse* dont il est ici question et qui depuis a été appelée *Chantereyne*. (*)

L'enceinte des *Calles Chantereyne* renferme :

1.º Différens ateliers ;

2.º Deux calles pour la construction des grandes frégates.

3.º Un magnifique *hangar* de 900 *pieds* de longueur, qui sert à mettre à l'abri les bois destinés aux constructions navales.

Dans les combles du hangar se trouvent la

(*) Le Chartrier de l'abbaye de Cherbourg.

salle des gabarits ou du *tracé des vaisseaux* et une petite *salle de modèles.*

4.° Les remises des *canots royaux*, (près de la grille de sortie.)

———⊷◉⊶———

Chantier Chantereyne

ou

Parc aux bois.

Ce chantier doit également son nom à sa proximité de l'*anse Chantereyne.* Il sert de *parc aux bois* de construction. Il a 500 *mètres* environ de longueur, sur 195 de largeur moyenne.

Il renferme :

1.° Plusieurs hangars pour abriter les bois.

2.° La *corderie* qui s'étend au sud, dans toute la longueur du chantier.

3.° Les bureaux des *revues et armemens*, dans un pavillon au milieu.

4.° La salle dite de l'*espadage*, où l'on apprête le chanvre pour la *corderie.*

C'est dans cette *salle* que la ville de Cherbourg a donné un bal à M. le Dauphin, le 26 août 1829.

5.° Un magasin pour les chanvres.

On trouve encore au nord-est le *bureau des chantiers et ateliers* et le *dépôt des pompes à incendie*.

Le *Chantier Chantereyne* a deux entrées principales ; l'une au sud, du côté de la ville, l'autre au nord-ouest, du côté du *Port militaire*.

Subsistances de la Marine.

Dans la partie nord du *chantier Chantereyne* on a formé une petite *enceinte* pour les *subsistances de la marine*.

En entrant, le voyageur a, sur sa droite, la *tonnellerie* et le *magasin des salaisons*.

A gauche, au fond de la cour, est l'*atelier des salaisons*, derrière lequel on trouve des *magasins pour le sel* et des *hangars* pour abriter les *quarts* ou tonneaux qui servent aux salaisons.

Boulangerie de la Marine.

(Rue de l'Abbaye, n.º 61.)

Quatre fours de 11 *pieds* sur 9 peuvent cuire par 24 heures 18,800 *livres* de pain.

Le bâtiment qui contient les *fours* renferme aussi le *magasin au pain*.

Derrière ce bâtiment est le *magasin au biscuit*.

Plus loin, est un autre *magasin pour les farines*, avec plusieurs *blutoirs*.

———————

Casernes de la Marine.

(Même rue.)

Immédiatement après la *Boulangerie de la marine*, viennent les *Casernes de la marine*.

C'est un bâtiment de 146 *mètres* de longueur. Il a été construit à l'époque des premiers travaux de la *Digue*, pour loger six cents hommes des troupes de la marine, appelés à Cherbourg pendant la construction des *caisses coniques*.

Aux extrémités sont deux pavillons destinés à loger les officiers.

Au devant et au derrière de ce bâtiment sont des *cours* de la même longueur que le corps de *casernes* et d'une largeur de 30 *mètres* environ. Elles servent aux exercices militaires.

Troisième Journée.

Promenade en rade. — La Rade. — Le Fort Royal. — La Digue. — Le Fort de Querqueville.

Les voyageurs trouveront toujours dans *l'Avant - Port de Commerce* des chaloupes prêtes à les conduire en rade pour *un prix modéré*.

NOTA. On ne peut visiter le Fort-Royal qu'avec *une permission* du Maréchal de Camp, *commandant de la Place.*

La Rade.

———◆◆◆◆◆◆———

La *Rade* de Cherbourg occupe une baie profonde , entre deux promontoires qui , pour nous servir des expressions d'un écrivain (*) , semblent menacer l'Angleterre.

Elle est située vis-à-vis de l'île de Wight , de Portsmouth , des rades de Spithead et de Sainte-Hélène.

Au moment de la plus basse mer , vive eau , sa *surface* , propre au mouillage des vaisseaux , est de 1,200,000 *toises* environ , et sa *profondeur* de 32 à 42 *pieds*. Son *fond* , doux et bon , remonte insensiblement vers la terre. (**)

Elle fut *sondée* pour la première fois en 1789. On jeta près de 5,000 coups de sonde ,

(*) Savary , de St.-Lô . Notions sur la rade de Cherbourg, sur le port Bonaparte et sur leurs accessoires.

(**) Mém. de La Bretonnière.

et deux commissions, qui opérèrent séparément et par des procédés différens, arrivèrent aux mêmes résultats, ce qui ne permet point de douter de leur exactitude.

« Cette rade , dit M. le *baron* Cachin,
» d'une excellente tenue, est également favo-
» rable à l'arrivée et au départ des vaisseaux
» de presque toutes les aires de vent et
» dans tout état de marée ; elle comprend
» un mouillage d'une vaste étendue ; elle
» est susceptible de toute sorte de moyens
» d'attaque, de protection et de défense; elle
» réunit enfin , sous les rapports militaires et
» maritimes, tous les avantages qui peuvent
» influer sur le sort de nos forces navales et
» de nos relations commerciales. » (*)

Les premiers projets pour fortifier la *rade* et la mettre à l'abri des vents auxquels elle est le plus exposée , ceux du nord et du nord-ouest, remontent à l'époque où l'on parut enfin avoir véritablement envie de créer dans la Manche un *port militaire*. D'ailleurs, dans plus d'une circonstance , les inconvéniens sans nombre d'une *rade* ouverte et sans défense avaient été mis au grand jour. Ainsi, sans rappeler encore les suites funestes

(*) Mém. sur la digue de Cherbourg, page 2.

du glorieux combat de la *Hougue*, on avait vû les Anglais se présenter à différentes reprises devant Cherbourg, tenter de débarquer, poursuivre et insulter nos bâtimens jusque dans l'*anse* même.

Dès l'année 1777, M. de la Bretonniére conseilla de couvrir la *rade* par une *digue* en pierres perdues.

A peu de tems de là, M. de Caux, directeur des fortifications à Cherbourg, proposa de la fermer également par une *digue*, mais formée celle-ci de caissons remplis de maçonnerie, et dirigée de la *pointe* du *Hommet* (le fort d'Artois) à l'île *Pelée* (le fort Royal.)

« Ce projet, » dit M. Cachin, que nous ne saurions citer trop souvent quand il s'agit des travaux de Cherbourg, « considéré » sous les rapports maritimes, était d'au- » tant moins convenable, qu'il laissait à dé- » couvert et sans défense la partie la plus » essentielle de la baie, la seule qui fût » propre au mouillage des vaisseaux de ligne. » La portion très-circonscrite de la rade » que l'on proposait alors de protéger contre » l'agitation des vagues et l'attaque de l'en-

» nemi, n'eût été évidemment accessible
» qu'aux bâtimens du commerce, aux cor-
» saires et autres bâtimens légers. » (*)

Aussi, ce projet fut-il ajourné. Néanmoins, conformément à ses dispositions générales, on jeta les fondemens de deux *forts* aux extrémités de la direction proposée.

En 1780, M. Lambert de Paimpol, l'un des commissaires chargés de reconnaître les côtes de la Manche, ayant renouvelé le projet de M. de Caux, M. de la Bretonnière s'empressa de le combattre et d'en démontrer l'insuffisance. Les observations de l'habile marin furent écoutées; du moins, on a lieu de le croire, puisque, de ce moment, on ne parla plus du projet, et que la direction de la *digue* fut définitivement fixée de l'île *Pelée* à la *pointe* de Querqueville.

***

Le Fort Royal.

Ce *fort* a été terminé en l'année 1784. Il est situé à l'extrémité occidentale d'une

(*) Mémoire déjà cité, page 3.

roche nue, appelée l'île *Pelée*, à 2,922 *mètres* (1,500 *toises*) de la côte.

Comme le *fort d'Artois*, il est à triple batterie. Sa destination est de défendre la *passe de l'est*, ou le passage laissé pour les vaisseaux à l'*est* de la *digue*. Il peut être armé de 84 bouches à feu tirant à boulets rouges et de 14 mortiers.

Le nom de *Fort Royal* lui fut donné à l'époque du voyage de Louis XVI à Cherbourg. Ce prince le visita le 23 juin 1786, et, pour s'assurer par lui-même de sa solidité, ordonna une décharge générale de toute l'artillerie. Les voûtes ne furent nullement ébranlées. (*)

La description détaillée que nous avons faite plus haut du *Fort d'Artois*, (**) peut s'appliquer exactement au *Fort Royal*. La distribution intérieure est la même dans l'un et dans l'autre, ou, s'il y a quelques différences, elles sont telles, que nous croyons inutile de les signaler ici.

(*) Voyage de Louis XVI dans sa province de Normandie.

(**) Voyez page 65.

La Digue.

— ◆ —

La **Digue** de Cherbourg a été établie à 2,000 *toises* environ de l'entrée du *Port de commerce*, et à 600 *toises* du *Fort Royal*, en un point ou les plus basses eaux s'élèvent à 40 *pieds* au-dessus de la grève, et les plus hautes à 60 pieds.

Sa longueur totale est de 3,768 *mètres* (1,933 *toises*). Elle a 15 *toises* de largeur au sommet et 40 *toises* à sa base.

A ses extrémités sont deux *passes* pour les vaisseaux, l'une à l'est, de 500 *toises* d'ouverture, l'autre à l'ouest, de 1,200 *toises*.

Son objet est de rompre l'effort des vagues et des courans pour procurer du calme dans l'intérieur et de défendre la partie de la rade qui se trouve hors de la portée de l'artillerie des forts.

Ce fut en 1783 que l'on fit les premiers essais des procédés que l'ingénieur de Cessait voulait employer pour l'établissement de la *Digue*. C'étaient des *caisses coniques*, ou plutôt des *cônes tronqués*, sans fond, d'un diamètre de 140 *pieds* à leur base inférieure, de 60 *pieds* à leur base supérieure et d'une hauteur verticale de 60 *pieds*. Leur pourtour se composait de 90 montans en bois de chêne, liés entr'eux par quatre ceintures ou *moises* également en chêne.

Chaque *cône* vide pesait 20,000 quintaux et revenait à 400,000 francs. On avait calculé d'abord qu'il faudrait 90 de ces *cônes* pour asseoir la *Digue*, mais on en réduisit le nombre, comme nous le dirons tout à l'heure.

Pour soulever cette immense cage, on attachait au pied de chaque montant un certain nombre de pièces vides, de la capacité de quatre barriques chacune, et, lorsque cette masse énorme était à flot, on la prenait à la remorque, puis on la conduisait à son emplacement et on la coulait. Il suffisait le plus ordinairement d'une demi-heure pour cette dernière opération.

Aussitôt, des sloops et des chasse-marées du port de 40 à 60 tonneaux, arrivaient chargés des pierres de remplissage, que l'on jetait dans le *cône* jusqu'à 4 *pieds* environ de la base supérieure ; mais il en tombait presqu'autant en dehors qu'en dedans, de sorte que, comme chaque *cône* pouvait contenir 2,500 *toises cubes* de pierres, on peut évaluer à 5,000 *toises cubes* la quantité nécessaire pour charger chacun d'eux et l'assujettir, ce qui équivaut à 160 millions de livres.

Il fallait environ la charge de 500 navires pour combler un *cône* ; c'était l'ouvrage de 10 ou 12 jours, car le service se faisait avec tant d'activité, qu'aussitôt qu'un navire avait fait son déchargement, il était remplacé par un autre.

Le premier *cône* fut échoué le 26 juin 1784, à la distance requise de l'île *Pelée* pour former la *passe* de l'est, et le second, le 7 juillet suivant ; mais ce dernier fut bientôt entièrement détruit par une bourasque de nord-ouest.

En 1785, trois *cônes* furent coulés et remplis.

En 1786, le 15 mai, une première *caisse* fut placée dans le plus grand des intervalles laissé l'année précédente et à côté du *cône* brisé en 1784 ; une seconde fut échouée le

27 du même mois , en présence de M. le
comte d'Artois , et le 13 juin suivant , une
troisième fut encore coulée.

Louis XVI assista à l'immersion du 8.ᵉ *cône*
le 23 juin 1786. Une tente avait été disposée
sur l'un des *cônes* déjà échoués ; le Roi se
plaça dessous et c'est de là qu'il suivit l'opération , dans le cours de laquelle on eut
quelques malheurs à déplorer , par suite de
la détente d'un cabestan. Avant de se retirer ,
il dîna sur le *cône* avec toute sa suite.

A cette époque déjà , les digues faites
dans les intervalles des *cônes* s'élevaient de
2 à 3 *pieds* au-dessus de la *laisse* de basse-
mer. Sous le règne de ce prince , on versa
pour cet ouvrage 3 millions de mètres cubes
de pierres , et l'on dépensa 31 millions de
francs.

La dernière *caisse conique* a été placée
le 19 juin 1788.

Tous ces *cônes* furent d'abord échoués
base à base, ensuite, on les espaça à 60
mètres de distance , puis à 200 mètres , en
ayant soin de remplir l'intervalle en pierres
perdues , ce qui ramena insensiblement au

système de M. de La Bretonnière. (*) Enfin, en 1789, tous ceux qui n'avaient pas été détruits par les tempêtes furent rasés au niveau de la basse-mer, à l'exception d'un seul, le plus à l'est, qui resta pour indiquer aux bâtimens le commencement de la *passe*. (**)

L'assemblée législative s'étant fait rendre compte, en 1792, de l'état des travaux exécutés, ordonna de nommer une commission pour proposer les moyens de terminer la *Digue*. Mais les orages révolutionnaires firent bientôt perdre de vue toute espèce de projets de cette nature.

En 1800, sur le rapport d'une autre commission composée de MM. de Rosily, vice-amiral, de Marescot, premier inspecteur général du génie, et Cachin, inspecteur général des ponts et chaussées, il fut décidé que la partie centrale de la *Digue* serait élevée à 9 *pieds* au-dessus du niveau des plus hautes marées, et qu'on y établirait une batterie de 20 pièces d'artillerie du plus gros calibre.

(*) Voyez page 75.

(**) Il tomba en ruines le 12 février 1799.

A la fin de 1803, cette batterie était construite. On l'arma provisoirement de 4 pièces
de canon de 36 et de deux mortiers à grande
portée.

Les travaux continuèrent en 1804, et
l'année suivante, ils furent portés à un tel
degré d'avancement, que sur un ordre inat-
tendu, on put, en vingt-quatre heures,
armer la batterie de 20 bouches à feu.

Le 18 février et le 29 mai 1807, la *Digue*
essuya deux violentes tempêtes qui firent
de grands dégats. Mais ce n'était encore
rien auprès du *coup de vent* du 12 février
1808, qui souleva les flots à une si grande
hauteur, que le sol de la batterie fut sub-
mergé et l'épaulement renversé. En outre,
tous les édifices de charpente, qui servaient
aux logemens de la garnison, furent détruits, et plus de quatre cents malheureux
périrent, malgré tous les efforts que l'on fit
pour les sauver.

Après ce désastre, on se contenta de construire de nouveaux logemens pour la garnison
et d'élever au sommet des revétemens un
autre parapet terrassé.

La *Digue* est restée ainsi pendant long-tems, armée seulement de 20 bouches à feu. Sa batterie avait pris le nom de *Batterie Napoléon*.

L'empereur visita la *Digue* le 30 mai 1811 et y déjeûna avec les soldats.

Le 7 juillet de cette même année, le gouvernement sentant la nécessité de substituer à un établissement provisoire et d'une résistance incertaine, un système de défense permanente et redoutable, rendit un décret que nous rapportons ici textuellement, pour que le lecteur puisse avoir une idée de ce que sera la *Digue*, quand les travaux seront enfin terminés.

*Article I.*er La batterie à établir sur la *Digue* de Cherbourg, sera construite dans une tour elliptique en maçonnerie de pierres de taille de granit dont le grand axe sera de 35 *toises* et le petit axe de 19, conformément aux plan et coupe annexés au présent décret et aux dispositions suivantes.

Article II. Les fondations seront établies sur l'enrochement intérieur au niveau des basses mers.

Article III. Sur ce massif de fondation qui aura 28 *pieds* de hauteur et au niveau du terre-plein de la batterie actuelle , sera placée une caserne dont les murs seront percés de 78 crénaux , capable de contenir une garnison de 150 hommes , le magasin à poudre et la citerne.

Article IV. La gorge de cette batterie sera défendue par deux flancs.

Article V. Une plate-forme générale sur cette caserne , qui sera voûtée à l'abri de la bombe , servira d'emplacement à une batterie casematée de dix-neuf pièces de canon de trente-six. Le seuil des embrasures sera élevé de trente pieds au-dessus des plus hautes marées.

Article VI. Une seconde plate-forme sera construite au-dessus des casemates, et pourra, au besoin, recevoir une batterie sur affûts de côtes.

Article VII. La batterie actuelle extérieure à la tour sera conservée et les talus à la mer qui la protègent seront soigneusement entretenus.

Ce nouveau *fort*, couvert et protégé par la
batterie provisoire qui l'enveloppera, pourra
être armé de cinquante-quatre pièces de
canon, indépendamment de vingt mortiers à
grande portée que l'enveloppe extérieure
pourra recevoir.

Les travaux furent de nouveau suspendus
en 1814, par suite des événemens politiques.

D'après les calculs de M. le *baron* Cachin,
dans son excellent *mémoire sur la digue de
Cherbourg*, on aurait déjà versé pour la
construction de la *digue*, 3,702,557 *mètres
cubes* de pierres et il en faudrait encore pour
l'achèvement de cet ouvrage, 2,763,996 *mètres
cubes*.

Les dépenses faites s'élèvent à 20,968,936
fr., et celles qui restent à faire, à 21,352,718 f.

Ces calculs ont été faits en 1819.

En 1823 les travaux furent repris. Le gouvernement dépensa 300,000 fr. à la Batterie
du centre.

Lorsque Madame la Dauphine vint à Cherbourg en 1827, M. Pouyer, préfet maritime

à cette époque, obtint de la princesse l'autorisation de placer à la partie Est de la digue,
une inscription, pour rappeler son voyage, à
côté de celle dont il reste encore des vestiges
au cône sur lequel Louis XVI se reposa.

Voici ces deux inscriptions :

« Louis XVI, assis sur ce cône, a vu l'im-
» mersion de celui de l'Est, le 23 juin 1786. »

« Son auguste fille, Madame la Dauphine,
» en visitant les travaux, le 12 septembre
» 1827, s'est arrêtée aussi près que possible
» des vestiges du même cône, pour rendre un
» nouvel hommage à une sainte mémoire. »(*)

La question des travaux de Cherbourg et
principalement celle de la *digue*, a occupé,
nous devons le dire ici, tous les ministres qui,
sous la restauration, ont eu le département
de la marine. M. de Chabrol, en particulier,
s'en occupa beaucoup et émit l'idée que l'a-
chèvement des travaux commencés, auxquels
le budget ordinaire ne pouvait suffire, nécessitait un emprunt spécial. Le ministre qui
lui succéda et dont le trop court passage
au pouvoir a été marqué par tant de vues
utiles et patriotiques, M. Hyde de Neuville,

(*) Rapport de ce qui s'est passé à Cherbourg,
lors du voyage de Madame la Dauphine, en 1827.

entreprit de faire avancer cette question et
y mit un zèle extrême. Il se rendit lui-même
sur les lieux, examina tout de ses propres
yeux, prit de nombreuses informations auprès des ingénieurs et des marins, et tous
s'accordent à penser que si les passions politiques et les intrigues de cour n'eussent point
éloigné des affaires cet excellent citoyen, nous
verrions aujourd'hui les projets de Napoléon
sur Cherbourg, en grande partie réalisés.
Le résultat de son voyage fut une allocation
spéciale de 700,000 fr. qui a été continuée
jusqu'à ce jour.

Le plan définitif de la *digue* diffère à quelques égards du projet primitif, quoique les
idées principales soient restées les mêmes : il
a été rédigé et adopté en 1832. On l'exécute
en ce moment. Déjà un certain nombre
d'assises de granit ont été mises en place.

A notre imitation, les Anglais ont entrepris
en 1812, leur jetée ou break-water de
Plymouth. Les matériaux sont en marbre
tiré des montagne du Devonshire.

Le Fort de Querqueville.

Ce *fort*, qui prend son nom de sa situation
sur la commune de Querqueville , à une lieue
vers l'ouest , devait être aussi à triple batterie , mais jusqu'à présent la première seule
est construite. Il est éloigné du *Fort Royal*
de 3,600 *toises*. Il défend la *passe* de l'ouest.
On a commencé à le construire en 1787 , sur
des dispositions à-peu-près semblables à
celles des deux autres *forts* ; cependant son
développement est beaucoup plus étendu. Il
pourrait contenir 90 bouches à feu tirant à
boulets rouges.

Quatrième Journée.

—◦○◦—

L'Eglise. — La vieille Tour. — La Place d'Armes et l'Obélisque. — L'Hôtel-de-Ville, Bibliothèque et Musée. — La chapelle Notre-Dame-du-Vœu. — Ancienne Abbaye. — L'Arsenal de la Guerre. — L'Hôpital de la Marine.

L'Église.

—————◦⊂⊃◦—————

Les habitans de Cherbourg jetèrent les fondemens de leur première église, vers l'an 435, aux vives sollicitations de Saint-Ereptiole, premier évêque de Coutances. (*)

Saint-Exupérat et Saint-Léonicien poursuivirent avec zèle la tâche de Saint-Ereptiole et détruisirent presqu'entièrement l'idolâtrie dans le Cotentin, où Saint-Scubilion en effaça les dernières traces en 555. (**)

(*) Rouaut, vie des évêques de Coutances.
(**) Neustria pia.

Lors des invasions des Normands, au neuvième siècle, toutes les villes furent saccagées,
les églises brûlées. On a lieu de penser qu'ils
ne firent pas une exception pour Cherbourg.

Vers 1412, l'église paroissiale, qui avait
remplacé la première, tombait elle-même en
ruines, et déjà n'était plus assez vaste. Les
habitans conçurent le projet de la réédifier.
On réunit autant d'argent qu'on put, on
se mit à l'ouvrage, mais les travaux furent
suspendus par l'extrême disette qui survint
après le long siége de 1418. (*)

Cependant, en 1423, on recommença à
travailler. Les Anglais eux-mêmes, qui occupaient alors le pays, se joignirent aux
habitans. (**) Cette année et les suivantes,
on construisit le chœur, quelques chapelles
et le clocher.

Ensuite, on entreprit la nef et les deux
ailes, et l'on suppose que tout fut terminé
sous le règne de Charles VII. Cette conjecture

(*) Voyez page 20.

(**) Hist. somm. et chronol. de la ville de
Cherbourg.

repose sur l'écusson que l'on voyait à la principale clef de la voûte du chœur et dans plusieurs autres endroits de l'église, avant la révolution. Du reste, on ne possède aucun titre, aux archives même de l'église, qui puisse indiquer l'époque précise à laquelle elle a été bâtie. Tout ce que l'on sait, c'est qu'il en coûtait *cent sols* pour le frêt d'un navire qui apportait le carreau de Caen à Cherbourg, carreau, qui revenait au prix de 18 *sols* le tonneau. (*) La nouvelle église fut dédiée à la Sainte-Trinité le 24 de mai 1466.

C'est à quelque-tems de là, que fut placé au haut de la voûte de la nef, devant la croisée où l'on avait ménagé une place exprès, le fameux *monument* de l'*Assomption* que nous avons déjà eu l'occasion de décrire (**), et qui était le résultat d'un vœu solennel des habitans, pendant l'occupation de leur ville par les Anglais. Ce *monument* fut remis, en vertu d'une délibération, entre les mains des douze plus notables bourgeois; telle fut l'origine de la *confrérie de Notre-Dame*, où bientôt plus de *douze cents* personnes s'enrôlèrent. On remarquait dans le nombre, des princes et des princesses, les abbés de l'ab-

(*) Voisin-Lahougue, hist. manuscrite de la ville de Cherbourg.

(**) Voyez page 26.

baye de Cherbourg, les gouverneurs de la ville, toute la noblesse du pays et une grande quantité d'étrangers qui avaient été attirés à Cherbourg par le désir de voir un *monument* qui passait, à cette époque, pour un chef-d'œuvre.

Jean Auber, inventeur du *monument*, fut le premier échevin de la confrérie. (*)

En 1473, Pierre Turpin, évêque d'Evreux, étant venu à Cherbourg pour voir le *monument de l'Assomption* et se faire inscrire sur le rôle de la *confrérie de Notre-Dame*, tomba malade et mourut le 22 juillet de cette même année. Il fut enterré dans le chœur de l'église, où son épitaphe a subsisté plus de deux siècles.

Parmi les anciennes épitaphes qui se trouvaient dans cette église, on remarquait les deux suivantes, à cause de leur originalité :

« Retourné est Messire Laurent
» Bergerel, d'où était venu.
» Plus cher était que les écus

(*) Voisin-Lahougue, lieu déjà cité.

» A chacun tant gros que menu.

» Par Lachésis circonvenu

» Fut l'an quinze cent trente-sept,

» Fin de septembre, aux vers tout nu

» Baillé. Son âme en gloire set. » (*)

    » Par l'Eternel qu'on doit craindre et aimer,

» Vrai créateur de la machine ronde,

» Fut appelé le bon Jean de la Mer

» Et adjourné de ce bas mortel monde

» Aux fleurs, force et nature faconde,

» En un clin d'œil fut rendu bouche close,

» Puis le sien corps fut cy-mis et repose

» En attendant la résurrection.

» Que le Seigneur, de qui tout vient, dispose,

» Du nombre soit de sienne élection. »

Quatre épitaphes se lisent encore aujour-
d'hui; 1.º contre le dernier pilier de la nef,
à droite, en montant au chœur :

    « Cy-devant repose le corps d'honorable
» homme Jean de Bailly, en son vivant bour-
» geois de cette ville. Lequel décéda le dernier
» jour de décembre 1624. Et d'honnête
» femme Isabeau Troulde, son épouse,
» laquelle décéda le 12 d'avril 1642. »

    « Priez Dieu pour leurs âmes. »

(*) Toustaint de Billy, hist. manuscrite du
Cotentin.

2.° Contre le pilier du côté opposé :

« Cy-devant reposent les cendres de M.ʳˢ
» Bertelot de Bailly , vivant , S.ʳ de Cau-
» bisson qui décéda le XXIV.ᵉ jour de may
» MDCLVIII, et de Thomas de Bailly , son
» fils, qui décéda le XXV.ᵉ de janvier
» MDCLIX , tous deux bourgeois et mar-
» chands de cette ville. Lequel Thomas a don-
» né cent sols de rente foncière pour un obit. »

» Priez Dieu pour eux. »

3.° Dans la chapelle des Fonts :

» Cy-devant gilt le corps de Thomas Vautier
» Qui en vivant d'un cœur sain et entier
» Suit le chemin des décrepts et edicts
» Du Seigneur Dieu sans autcuns contredicts.
» Pour toi sujet à naturelle mort
» Ami lisant sy pitié te remort
» Tout le moins souhaite lui qu'il soit
» Avecques Dieu qui ses elleus reçoit. »

4.° Sur la petite porte , du côté de la mer :

« Piorum jacent hîc cineres sacerdotum MM.
» Francisci La Galle et Guillelmi Cosme qui
» facultatum potissimam partem civitati suæ

» et his ædibus sacris sunt largiti , ille ad
» juventutis institutionem , hic ad organi sti-
» pendia : ambo ad preces annuas. Obiit ille
» 23 octob. 1657, hic 19 apr. 1659.

» Queis in pace quies. (*)

La longueur intérieure de l'église , depuis
le maître-autel jusqu'au grand portail , est
de 46 *mètres*. Sa plus grande largeur est de
28 *mètres*. Elle peut contenir environ 3,000
personnes. Autrefois, en outre du monument
de l'Assomption , on y voyait un crucifix de 5
pieds 7 *pouces* de hauteur qui était , si nous
en croyons *Voisin-Lahougue* , un des plus
beaux ouvrages du monde.

Dans la voûte du portail on a établi des
tribunes en amphithéâtre.

La chaire, faite par *Fréret père* , est pleine
de goût et d'élégance.

(*) « Ici reposent les restes des pieux prêtres
François La Galle et Guillaume Cosme lesquels
ont donné la plus grande partie de leur fortune
à la ville et à cette église, l'un pour l'éducation
de la jeunesse, l'autre pour *l'entretien de l'orgue*.
Tous deux sous condition de prières annuelles.
Le premier est mort le 23 octobre 1657 ; le second,
le 19 avril 1659.

Qu'ils reposent en paix. »

Le chœur, séparé de la nef par une grille en fer, renferme 46 *stalles*

Le maître-autel reçoit le jour par en haut, derrière un *Jéhova* rayonnant. Dans l'enfoncement, est un *Baptême de J.-C.* par *Armand Fréret*. Les autres sculptures de cet autel sont du même artiste.

A l'autel de la Vierge, on remarque la statue principale, également d'*Armand Fréret*, comme une partie des sculptures.

Dans la chapelle des fonts, est une statue de *Sainte-Anne* par *Louis Fréret,* parent du précédent.

Quant aux tableaux, nous devons signaler :

1.º A l'autel des morts, une *Visite des saintes Femmes au tombeau de J.-C.*, que l'on attribue communément à *Gaspard Crayer*, à *Bon Boullongne*, ou à *Philippe de Champagne*.

Cet excellent tableau fut sauvé des mains des dévastateurs, en 1793, par les soins du sieur *Robin*, luthier, qui s'empressa de le rendre à l'église, aussitôt que le culte fut rétabli.

Il a été restauré par *Langevin*.

Au-dessous, est un *Jésus-Christ porté au tombeau*, du même artiste.

2.º Dans la chapelle du Saint-Sacrement, un *Jésus portant sa croix*, donné à l'église par M. *Le Chanteur*.

Une *Adoration des Mages*.

Une *Adoration des Bergers*, par Lahire.

Un *Saint François d'Assises*.

Un *Prophète Élie dans le désert*.

Ces deux derniers tableaux sont de M. *Le Sauvage*, architecte de la ville.

3.º Au-dessus de la porte de la sacristie, un *Portrait de saint Pierre*, donné par M. *Le Chevalier*.

4.º Dans la chapelle des fonts, un *Baptême de saint Jean*, par *Langevin*.

5.º Enfin, dans les tribunes, un tableau de *la Cène*, par M. *Le Sauvage*.

L'architecture de l'église de Cherbourg est des plus irrégulières. C'est un mélange des différentes époques où les travaux ont été suspendus et repris. Cependant, il se trouve en certains endroits des ornemens gothiques d'un assez bon effet.

Le *portail* et la *tour carrée* qui le surmonte, ont été construits en 1825, sur les plans et sous la direction de M. *Le Sauvage*.

Au-dessus de la *grande porte* d'entrée, est un *Père éternel* qui tient un globe dans une de ses mains et montre le ciel de l'autre.

La hauteur totale de la nouvelle *tour* est de 26 *mètres* environ. On regrette avec raison qu'elle ne se termine pas un peu moins brusquement, et, qu'en général, on n'ait pas cherché à donner plus de légèreté à ce nouveau *portail*, qui jure d'une manière frappante avec l'architecture qui l'environne, la plus gracieuse de l'édifice.

La vieille Tour.

A quelques pas de l'église, sur le bord de la mer, on voit encore aujourd'hui une des *tours* des anciennes fortifications de Cherbourg. Cette *tour* est fort bien conservée. Pendant long-tems elle a servi de prison. Elle est aujourd'hui tout-à-fait inutile.

La Place d'Armes et l'Obélisque.

La place, dite *Place-d'Armes*, parce que c'est ordinairement là que se réunissent les troupes de la garnison, a 90 *mètres* de longueur, 45 *mètres* de largeur au sud et 36 *mètres*, 60 *cent.* de largeur au nord. Elle est soutenue, du côté de la mer, par un mur haut de 10 *pieds* environ, qui se prolonge jusqu'à la *vieille Tour* dont nous venons de parler. On descend à la mer au moyen d'une *rampe*.

Dans la partie sud de cette place, en face de l'*Hôtel-de-Ville*, est une *fontaine-obélisque* en granit, exécutée par M. *Le Jéal*, d'après le plan de M. le baron *Cachin*.

La *cuvette* est d'une seule pierre, *l'aiguille* aussi. La hauteur de cet *obélisque* est de 9 *mètres* 95 *centim.*; sa largeur de 64 *centim.* à la base et de 37 *centim.* au sommet.

Ce monument, achevé en 1817, était destiné à perpétuer le souvenir du passage de M.gr le duc de Berry par Cherbourg, **au** premier retour des Bourbons.

Avant la révolution de juillet, on y lisait en gros caractères : 13 *avril* 1814, et
l'on y remarquait plusieurs *fleurs-de-lys*.

***

L'Hôtel-de-Ville, Bibliothèque et Musée.

L'*Hôtel-de-Ville* n'a rien par lui-même
que de très-ordinaire. Au premier étage sont
les bureaux, le cabinet particulier du maire
et la salle du conseil.

Au second, dans une pièce de 10 *mètres*
de longueur sur 6 de largeur, se trouve
une précieuse et rare collection de livres,
de tableaux, d'antiquités et d'objets d'histoire naturelle.

La *Bibliothèque* se compose de 3,000 volumes environ, dont la majeure partie a été
achetée par la ville aux héritiers de M. Duchevreuil. Ils sont placés, nous devons le
dire, d'une manière qui leur est peu favorable, car, c'est à peine si on les aperçoit ; de
plus, en les rangeant, aucun ordre n'a été
suivi, de sorte qu'on ne saurait, sans per-

dre beaucoup de tems, trouver les ouvrages
dont on a besoin : heureux encore lorsqu'on
y parvient ! Mais nous nous empressons d'ajouter, qu'il ne faut pas être trop sévère, puisque cet établissement n'est que *provisoire* (*),
et il est probable, que, lorsqu'un local plus
vaste sera mis à la disposition du *conser-
vateur*, nous n'aurons qu'à applaudir à l'ordre qui règnera partout et à l'art avec lequel
les ouvrages seront classés pour faciliter les
recherches.

On remarque, dans cette *Bibliothèque*,
plusieurs livres imprimés avant l'an 1500,
et 8 manuscrits. Parmi ces derniers, sont
un *Cartulaire de l'Abbaye de Cherbourg*,
écriture du 15.ᵉ siècle, et un *État de la géné-
ralité de Caen*, par M. *de Foucault*, avec
plusieurs plans de villes.

Les *Tableaux*, à l'exception de quelques-
uns venant du cabinet de M. Duchevreuil,
ont été donnés gratuitement à la ville de
Cherbourg, par M. Ch. Henry, commissaire
des Musées royaux, notre compatriote.

(*) Le Conseil municipal a voté une somme
de 20,000 francs pour construire un autre bâtiment.

M. Henry, pour doubler le prix de ce don
important et si bien fait pour mériter la
reconnaissance, voulait garder modestement
l'anonyme; mais ses amis l'ont bientôt deviné,
et trahi sans pitié. Le nombre des tableaux
donnés par lui s'élève à soixante-un; il a
l'intention, assure-t-on, de le porter dans la
suite jusqu'à cent.

*Liste explicative des TABLEAUX, d'après
leurs numéros d'ordre :*

1. — Paysage, par Van Blœmen, dit l'*Oriz-
zonte*.

2. — Vue du couvent de la *Madona* di Puz-
zano, à Castellamare, royaume de Naples, par Augustin Enfantin (frère du
Père suprême)

3. — Le jeune roi de Naples, André de
Hongrie, assassiné par ordre de la reine
Jeanne, sa femme, par le comte de
Forbin.

4. — Buste.

5. — Buste de Saint Pierre, par Jordano.

6. — Intérieur de forêt, par Bruandet.

7. — Buste de Saint Paul, par Ribeira, dit
l'Espagnolet.

8. — Sainte famille, par L. Licherie.

9. — Choc de cavalerie, par Courtois.

10. — Sancho consultant la tête enchantée de don Antonio, par Coypel.

11. — La Vierge et l'Enfant Jésus, par Lavinia Fontana.

12. — Femme lisant une lettre, par Duval Camus.

13. — Vue du boulevard des Italiens, à Paris, par Canella.

14. — La demande accordée, par Lépicié.

15. — Une partie de campagne, par De Marne.

16. — Lutte sur la flûte, par Launay.

17. — Combat naval.

18. — Combat naval.

19. — Portrait de femme, par Hanneman.

20. — Une Église.

21. — Intérieur d'étable, par Delâtre.

22. — Paysage avec un troupeau de brebis, par Bidaut.

23. — Jeune peintre dans son atelier, par Rioult.

24. — François I.er présenté à Louis XII, par Fleury.

25. — Une prairie, par Dunouy.

26. — Trois des bourreaux de Jésus, s'efforçant de dresser sa croix, par Lauri.

27. — Geneviève de Brabant baptisant son enfant, par Mallet.

28. — Repas de faneurs, par De Marne.

29. — La pêche aux marsouins, par Garneray.

30. — Portrait de Girardon, sculpteur, par Vivien.

31. — Portrait de femme, par Van Quellyn.

32. — Paysage, par Le Poussin.

33. — Diane et ses nymphes partant pour la chasse, par Vallin.

34. — Vue d'un couvent, par Montvignier.

35. — Paysage, par Le Comte.

36. — Barque échouée, par Verboeckhoven.

37. — Ancienne église de Montmartre, par Truchot.

38. — Scène familiére, par M.lle Gérard.

39. — Bouquet de fleurs dans une caraffe, par Verelst.

40. — Portrait d'un magistrat, par Cl. Lefèvre.

41. — Vue prise sous l'arche Marion, à Paris, par Bouhot.

42. — Portrait de l'architecte Dorbay, par De Troy.

43. — Faustulus remettant Romulus et Rémus, par Gauffier.

44. — Portrait.

45. — Portrait de femme, par Fréret, de Cherbourg.

46. — Portrait du cardinal de Fleury, par Rigaud.

47. — Poissons et écrevisses, par Louis Fréret, de Cherbourg.

48. — Offrandes à Bacchus et à Cérès. (École flamande.)

49. — Port et ville de Lorient, par Hue.

50. — Portrait de femme.

51. — Portrait de Guillaume Mauquest de la Motte, médecin.

52. — Enfant mangeant.

53. — Portrait d'homme, par Philippe de Champagne.

54. Paysage, par Vallin.

55. — Le Saint-Esprit, descendant sur les Apôtres. (Email du XVI.e siècle.)

56. — Chanteur de foire.

57. — Portrait de Jansénius.

58. — La Justice, par Le Sueur.

59. — Un geai, par L. Fréret, de Cherbourg.

60. — Paysage, par Lucatelli.

61. — Autre paysage, par le même.

62. — Paysage, par César Vanloo.

63. — Bouquet de fleurs, par Van Aelst.

64. — Fleurs sur une table, par L. Fréret.

65. — Turc fumant, par De Caisne.

66. — Sujet tiré de la Mythologie, par Mallet.

67. — Portrait de Denon, par J.-B. Greuze.

68. — Vue de Cherbourg, prise du côté du Roule, par Landrecet.

M. Henry a aussi donné quatre bas-reliefs en terre, modelés par Claudion.

Les *Objets d'art et Antiquités* sont au nombre de 400, environ, parmi lesquels on remarque :

Des armes Gauloises, en bronze; des haches Celtiques, en pierre et en bronze; un moule en bronze pour fondre des coins Gaulois (objet unique); des gantelets, des casques; des cuirasses; des armes du moyen âge.

Des vases Etrusques, des lampes antiques; de grands médaillons en bronze; des émaux; des figurines en terre cuite; une épée, portant les armes et le nom de Gustave-Adolphe.

Une momie, envoyée à la ville de Cherbourg, par l'amiral Troude.

On conserve avec soin une *note* écrite de la main même de Champollion, son dernier travail, et dans laquelle il donne l'explication de cette momie.

Nous la transcrivons ici :

« Momie de femme mariée, nommée Sa-
» chonsis, fille d'un prêtre nommé Petmou-
» this. L'inscription longitudinale dont les
» derniers mots sont inscrits sur les pieds,
» signifie textuellement :

» *Hath*, Dieu grand, seigneur du ciel
» (c'est la légende de l'emblême d'Hermès
» Trismégiste) suit :

» Acte d'adoration à Osiris, seigneur de
» la contrée occidentale, seigneur de la ville
» d'Abydos, afin qu'il accorde des aliments
» et des biens (purs)........Divine mère
» souveraine du ciel à Sachonsis la Véri-
» dique, fille du prophète en chef Petmou-
» this, le Véridique.

» Le nom de la mère de la défunte, ins-
» crit sur le pied gauche, est trop mal con-
» servé pour en tenter la lecture.

» Paris, janvier 1832.
» Note de la main de mon frère.
» Certifié, CHAMPOLLION-FIGEAC. »

Cette momie ayant déjà été fouillée, il ne
sera pas possible de l'ôter des bandes pour la
mettre sous verre, comme on l'avait d'abord
projeté.

Les *Objets d'histoire naturelle* comprennent :

800 coquilles vivantes et fossiles, de presque toutes les espèces connues.

600 échantillons de minéraux, parmi lesquels sont tous ceux du département de la

Manche, ainsi que les pierres polies de l'arrondissement de Cherbourg.

Des animaux conservés dans l'alcool, un crocodille, des tortues, des lézards, un requin, etc.

Deux caisses contenant, l'une 150 insectes rares, l'autre de superbes papillons.

La Bibliothèque-Musée est ouverte tous les jours de *midi* à *deux* heures. Le mercredi, elle reste ouverte jusqu'à *trois* heures et le jeudi jusqu'à *cinq*

Avant de quitter l'*Hôtel-de-Ville*, le voyageur aura encore quelques tableaux à examiner dans la *Salle du Conseil*; ce sont :

69. — Une vue de Rome (le Colysée) par Pannini.

70. — Autre vue de Rome, par le même.

71. — Portrait d'homme, par Largilière.

72. — Autre portrait d'homme, par le même.

73. — Intérieur d'un temple, par Van Vliet.

Ces tableaux ont été donnés également par M. Henry.

Dans le cabinet du secrétaire particulier du Maire, est un *Plan de Cherbourg* fait par Vauban et signé de sa propre main.

La Chapelle Notre-Dame du vœu.

(Par la rue de l'Abbaye.)

A l'article des *Calles Chantereyne* (*), nous avons déjà eu occasion de parler du *vœu* que fit l'impératrice Mathilde, pendant la tempête qui l'assaillit près de nos côtes, en 1145.

Après son débarquement, cette princesse n'eut rien de plus pressé que de s'occuper de l'accomplissement de son *vœu*, et, pour commencer, elle jeta immédiatement, selon la tradition la plus répandue, les fondemens d'une chapelle à l'endroit même où elle avait mis pied à terre. (**)

(*) Voyez page 68.
(**) Hist. de Normandie.

Telle serait l'origine de la Chapelle *N.-D.-du-vœu* , origine , que l'on pourrait cependant, avec quelque raison, faire remonter jusqu'à Guillaume-le-Conquérant, puisque ce duc, étant gravement malade à Cherbourg , fit également *vœu*, s'il revenait à la santé, de fonder une *chapelle* en l'honneur de la Vierge et que ce *vœu* , suivant les historiens, reçut son exécution. (*)

Quoiqu'il en soit, la première chapelle du *vœu* ayant été détruite, dans quelque guerre sans doute, peut être aussi en 1363, lorsque Charles-le-Mauvais fit raser l'église de l'Abbaye, « pour doute, dit une ancienne charte, que les ennemis n'y fissent forteresse, » on en rebâtit une autre dans le voisinage de cette Abbaye. C'est celle que nous voyons aujourd'hui.

Il n'y a pas encore un siècle, qu'il se trouvait des ruines dans une pièce de terre, située au bord de la mer et comprise maintenant dans l'enceinte du *Port-militaire :* c'étaient celles de la première Chapelle du *vœu.*

(*) Gallia Christiana.

La Chapelle du *vœu* a appartenu à l'Abbaye jusqu'à l'époque de la révolution. Dévastée alors, comme tous les établissemens religieux, elle fut donnée, par un décret du 20 mars 1791, au Ministère de la Marine, qui la céda quelque tems après à l'Artillerie de terre. On en fit une *salle d'artifice*. En 1817, Louis XVIII rendit une ordonnance qui la rétablit, et les habitans la restaurèrent complètement à leurs propres frais. L'administration de la Marine donna pour sa part les débris du vaisseau l'*Eylau*, que l'on employa à la construction de la *tribune*.

Elle fut rouverte et rendue aux exercices de la religion le 15 décembre 1818.

Cette chapelle a 45 *pieds* de longueur sur 16 de largeur. Elle peut contenir environ 60 personnes. On y remarque deux petites statues en albâtre, venant de l'ancienne Abbaye, l'une de sainte Mathilde, l'autre de saint Augustin, et quelques tableaux, tels que :

Au-dessus de l'autel,

Un *Naufrage*,

Une *Vierge et l'Enfant-Jésus*; (ce tableau a été donné par *feu* M. Oudry, du Havre.)

A gauche de l'autel,

10

Le vœu de l'Impératrice Mathilde, par M.
Henry fils ;

Dans la nef,

Un *Christ*, donné par M. Le Chanteur ;
Le Martyr de S.t-Symphorien.

Sur la droite de l'autel, dans un grand
cadre, est l'inscription suivante :

« Ad perpetuam rei memoriam.

« La Chapelle Notre-Dame-du-Vœu, dé-
» vastée pendant la révolution, rendue à la
» religion par ordonnance du roi le 3 dé-
» cembre 1817, restaurée par les habitans, a
» été rouverte à la piété le 15 décembre 1818.
» L'Impératrice Mathilde, devenue reine
» d'Angleterre, l'érigea antérieurement à
» l'abbaye de Cherbourg, l'an de J.-C. 1145,
» selon le vœu qu'elle fit dans une tempête
» qui la jeta sur la côte près d'ici nommée
» Chantereyne depuis cet événement.
» Ora pro nobis sancta dei genitrix. »

Au-dessous de ce cadre, est l'épitaphe de
Léobin Le Fillastre, dernier abbé régulier de
Cherbourg. Nous la transcrivons ici littéra-
lement :

« Epitaphium Leobini abbatis.

» Ah ? Filastræus qui quondàm gloria gentis
» Extitit , et sanctæ religionis honos ;
» Quique suos vivus præclaris moribus auxit ;
» Tractavitque suæ tam benè cuncta domus ;
» Qui fuit externis longè gratissimus hospes ,
» Nec caris unquàm defuit indigenis
» Hic Jacet. O ! Fatum ! Fatum lacrymabile cunctis !
» Aut quibus est virtus, aut pia cura fides !
» Atropos una taces : non laudans invida nempe
» Quod careas meritis una sub orbe suis. »

Du côté opposé, est la pierre sépulcrale du
même abbé, qui se trouvait autrefois au pied
du maître autel de l'église abbatiale. Il y est
représenté de grandeur naturelle, en cha-
suble et la crosse en main, privilége qu'a-
vaient les abbés de Cherbourg, ainsi que
celui de porter la mitre : *abbasque ferret mi-
tram et pedum pontificale.* (*)

Cette pierre et l'épitaphe ont été conservées
par les soins de M. l'abbé Demons, ancien
curé de Cherbourg , dont le zèle infatigable
n'a pas peu contribué à la prompte restauration de la Chapelle Notre-Dame-*du-Vœu.*

Cette Chapelle est placée sous l'adminis-

(*) Neustria pia

tration de la fabrique et sous la surveillance du curé de Cherbourg. On y chante une grand'messe tous les premiers dimanches de chaque mois et à certaines époques de l'année.

Ancienne Abbaye

ou

Abbaye du Vœu.

Il en est de *l'Abbaye du Vœu* comme de la *Chapelle du Vœu*. Les uns prétendent que c'est l'Impératrice Mathilde qui l'a fondée vers 1145 ; les autres, que c'est Guillaume-le-Conquérant(*) ; mais l'opinion générale est en faveur de Mathilde. On croit, par exemple, qu'elle y fit peu travailler, à cause des dépenses que nécessitait la continuation de la guerre avec Etienne de Blois, (**) et que l'édifice ne fut totalement terminé que sous le règne de Henri II son fils, roi d'Angleterre et duc de Normandie.

(*) Neustria pia.

(**) Voisin - Lahougue, hist. manuscrit. de la ville de Cherbourg.

On lisait , dans le *nécrologe* de l'Abbaye ,
le passage suivant :

« Le 4 des ides de septembre , mourut
» l'Impératrice Mathilde, *fondatrice de cette*
» *église*, et on doit dire pour elle un *libera*
» comme pour un chanoine. » (*)

Algare, 46.e évêque de Coutances, chargé
de former la première congrégation religieuse
de l'Abbaye , y fit venir des chanoines réguliers de l'ordre de saint Augustin , qu'il tira
du monastère de S.te-Barbe, en Auge. (**)

En 1181 , Henri II, qui avait , dès 1163,
ratifié toutes les donations de sa mère, en
donnant lui-même des fonds pour achever
l'Abbaye , assista à la dédicace de l'église ,
qui fut faite par Henri, 35.e évêque de
Bayeux, aidé des évêques d'Avranches et de
Barthewels. Quelques années après, il ordonna à Vautier , (***) archevêque de Rouen ,

---

(*) M. L'abbé Demons, mémoire manuscr. sur
l'abbaye de Cherbourg.

(**) Le chart. de l'abb. de Cherbourg. ---
Neustria pia. --- André Duchesne, rech. sur la
France.

(***) Toust. de Billy, hist man. du Cotentin.

de réunir à l'Abbaye de Cherbourg celle de
S.t-Hélier, dans l'île de Gersey, fondée
par Guillaume Hamon, et qui était beaucoup
plus riche, mais à laquelle néanmoins l'Abbaye de Cherbourg fut préférée, « soit,
dit un historien, (*) parce que les religieux y étaient dans la ferveur de leur institut, soit parce qu'elle était de fondation
royale, soit enfin parce qu'elle se trouvait
en terre ferme, et que celle de S.t-Hélier
était dans une île. »

L'Abbaye a été pillée pour la première
fois en 1293, lorsque la flotte Anglaise de
Yarmouth descendit à Cherbourg. Walsin-
gham rapporte même que les Anglais, pour
assurer le paiement de la contribution qu'ils
imposèrent aux religieux, emmenèrent avec
eux un des plus anciens chanoines réguliers. (**)

_____

(*) Voisin-Lahougue, lieu déjà cité.

(**) « Tempore Eduardi I, nautæ Geremu-
thenses Cæsarisburgum in Normanniâ incendio
vastaverunt, spoliatâque abbatiâ canonicorum
regularium quemdam secum in Angliâ adduxe-
runt. »   (In Edwardo I°)

Généralement, dans toutes les guerres entre la France et l'Angleterre, l'Abbaye eut toujours beaucoup à souffrir par sa situation hors des murs de la ville. (*)

Il est dit dans une bulle, accordée par le pape Jean XXII, en 1329, à la sollicitation de Philippe de Valois, « que l'Abbaye de Cherbourg fut brulée deux fois (*per incendium etiam bis consumptum*) par les ennemis du royaume de France, et qu'ils lui enlevèrent ses livres, ses ornemens ecclésiastiques, ses chartes et ses monumens (*sublatis libris, ornamentis ecclesiasticis, chartis ac monumentis.*) » (**)

Elle fut extrêmement ravagée en 1418. Pendant toute la durée du siége, et il dura dix mois, les Anglais ne cessèrent pas un seul instant de l'occuper. (***) En 1450, sui-

_____

(*) M. de Gerville. Rech. sur les abb. du dép. de la Manche.

(**) Arch. de l'Abb. de Cherbourg.-- Voisin-la-Hougue,

(***) Lefèvre de S.t-Remy.--M. de Gerville, lieu déjà cité.

vant plusieurs historiens, c'est du côté de l'Abbaye qu'eut lieu la principale attaque.

L'église, qui avait été détruite par Charles-le-Mauvais, pour le motif que nous avons fait connaître précédemment, (*) fut rebâtie après l'expulsion des Anglais et consacrée en 1464 par Jean, évêque de Justinopolis et coadjuteur de Coutances (**).

En 1514, nouveau pillage par les Anglais.

En 1574, 300 hommes, se disant de la religion réformée, se présentèrent à l'Abbaye, et, s'étant fait donner les clefs de l'église d'autorité, renversèrent les autels et mirent le feu aux stalles et aux livres. On vit long-tems les traces de cet incendie.

Les derniers désastres de ce monastère eurent lieu en 1758, lors de la prise de Cher-

_____

(*) Voyez page 112.

(**) Gallia christiania.-- M. de Gerville. --- M. l'abbé Demons.

bourg par les Anglais qui en emportèrent jusqu'aux cloches.

L'Abbaye de Cherbourg fut supprimée le 12 octobre 1774. Elle avait été mise en *commande* dès la fin du seizième siècle.

Ses revenus étaient considérables : ils s'étendaient, tant en dîmes qu'en terres, dans presque toutes les paroisses des environs. Elle possédait plusieurs moulins.

Les religieux exerçaient des droits seigneuriaux et avaient droit de haute justice. L'Abbé partageait avec le roi la seigneurie de Cherbourg. Il avait une juridiction à lui, le *baillage abbatial*, dont il nommait les juges. Dans les synodes diocésains de Coutances, il avait le pas sur tous les abbés, prieurs et doyens du diocèse. Enfin il portait la mitre et la crosse.

L'Abbaye de Cherbourg a eu trente-deux abbés réguliers.

Le premier fut Robert, le même que l'impératrice Mathilde envoya à Rome pour plaider auprès du pape Alexandre III la cause de Thomas de Cantorbéry et obtenir son rappel de l'exil, mission infructueuse, comme on sait, puisque le pape ne fit rien de ce qu'il avait promis. (*)

Jonon, le second, est auteur d'une *élégie* latine que l'on a conservée, et dans laquelle se trouvent ces deux vers qui peuvent donner une idée de ce qu'était l'Abbaye à cette époque :

« Hic terræ steriles et vinea nulla superstes,
» Silva caret foliis; desunt sua pascua pratis. » (**)

Nous en essayons la traduction :

Ici la terre est morte, et la vigne jamais
Ne réjouit les yeux de son feuillage frais,
L'arbre s'élève au ciel sans grâce et sans parure
Et les troupeaux en vain cherchent leur nourriture.

C'est du temps du quatrième Abbé, nommé Richard, que Hosbern de la Heuze, connétable de Henri II, et gouverneur de Cherbourg, se retira dans cette maison qu'il en-

(*) Voisin-Lahougue, lieu déjà cité.
(**) Gallia Christiana. -- M. de Gerville, Rech. sur les abb. du dép. de la Manche.

richit de ses dons et où il se fit recevoir chanoine, huit jours avant de mourir. (*)

Le dernier Abbé régulier fut Léobin Le Fillastre, mort en 1558.

Les Abbés *commendataires* ont été au nombre de onze. Le dernier fut M. Lattier de Bayane, depuis cardinal et auditeur de Rote, ensuite pair de France, mort en 1820, dans un âge très-avancé. (**)

Dans un *Mémoire manuscrit*, qu'il a bien voulu nous communiquer, et qui nous a fourni de précieux renseignemens, M. l'abbé Demons fait ainsi la description de l'Abbaye :

« Elle était à un quart de lieue à l'ouest de Cherbourg. L'église et le couvent étaient placés à l'extrémité d'un vaste enclos entouré de murs dont la plus grande partie subsiste encore. Dans une cour spacieuse se trouvaient deux étangs, un moulin et un colombier, avec les granges et autres bâtimens nécessaires à la faisance valoir.

(*) Robert de Monte.-Gall. christ.

(**) Biog. des Contemporains.

» L'église, y compris le portail, avait 120 *pieds* de longueur et environ 40 de largeur. Elle était bien voûtée partout. Le chœur était séparé de la nef par un jubé ou tribune de pierre. Cette tribune était ornée du côté de la nef des statues de grandeur presque naturelle de Notre-Seigneur et des Apôtres. Il y avait cinq autels dans cette église, dont un était dédié à Saint-Hélier, probablement depuis l'union du prieuré de ce nom dans l'île de Gersey, à notre Abbaye. Le chœur était grand ; les stalles avec leur couronnement offraient un bel ouvrage de sculpture. Il y avait un orgue placé comme celui de Cherbourg au bas de l'église. En 1712, pendant la messe solennelle de saint Augustin, patron de l'ordre, le nommé Bargis, organiste, tomba mort en touchant l'orgue.

» Le cloître n'était pas très-grand. Il occupait exactement l'emplacement de la cour derrière la maison neuve. C'était un pérystile soutenu de petites colonnes deux à deux. Le chapitre subsiste encore ; il est très-petit, mais la voûte, qui est peu élevée, est très-belle. Il y a encore plusieurs bâtimens qui faisaient partie du monastère. »

Avant la révolution, l'Abbaye de Cher-

bourg servait de résidence au duc d'Harcourt, gouverneur de la province. On voit
encore la chambre où coucha Louis XVI,
pendant son séjour, en 1786.

Aujourd'hui l'Abbatiale est devenue l'*Arsenal de la Guerre*, et l'habitation des religieux l'*Hôpital de la Marine*.

———o———

L'*Arsenal de la Guerre.*

Cet établissement se compose d'une vaste
cour, où l'on dépose les canons et projec-
tiles, et de bâtimens servant de magasins,
d'ateliers et de bureaux.

Dans la partie affectée au logement du
Directeur de l'artillerie de terre, se trouve
un monument qui mérite de fixer l'attention du voyageur, et surtout de l'antiquaire.
C'est la cheminée de la salle principale de
l'ancienne Abbaye. Cette cheminée a 10 *pieds*
de hauteur sur 8 environ de largeur, et
est ornée de tableaux en relief parfaitement
conservés.

Nous devons à l'amitié de M. le chef d'escadron Plivart, sous-directeur, une explication fort ingénieuse de ces tableaux :

Tableau supérieur.

Au milieu, on voit la Vierge près de son prie-dieu, se retournant à l'arrivée de l'ange Gabriel.

L'ange Gabriel fait une salutation. Il tient dans la main gauche une baguette mystique.

Sur le prie-dieu, est un livre ouvert portant les armes de France et celles du seigneur Abbé.

A côté, est un carreau garni de franges pour s'agenouiller ; ensuite, c'est le lit de la Vierge avec un ciel, en forme de baldaquin, aux colonnes duquel se drapent des rideaux.

La chambre est éclairée par des croisées dont les volets sont ouverts.

A gauche, le Père éternel sort d'un nuage, au milieu de rayons lumineux.

Un faisceau de ces rayons va porter le S.t-Esprit auprès de la Vierge.

Le riche édifice que l'on voit après, est

le *Paradis*, sous le pérystile duquel se presse
une multitude d'anges.

En dehors du tableau, et toujours du côté
gauche, on voit le diable terrassé par saint
Michel.

En dehors, et du côté droit, est un personnage jeune et richement vêtu, selon la
mode du tems, dont la main se trouve prise
entre les dents d'un pourceau engagé dans
ses jambes. Cette figure est allégorique. On
a voulu sans doute représenter l'homme du
monde en proie au péché, dont il cherche
en vain à se dégager.

Le tableau se termine de ce côté par l'Abbé,
en grand costume, proclamant la gloire de
la Vierge.

En pendant, du côté opposé, est un jeune
moine, portant une bourse à sa ceinture;
c'est sans doute un frère quêteur ou le trésorier de l'Abbaye.

Tableau inférieur.

Au milieu, se trouve un écusson dont les
armes ont été effacées. Il est soutenu par
deux figures héraldiques.

A gauche, on a essayé évidemment de représenter la Normandie, car on voit une montagne, des rochers, un donjon, et un paysan cueillant des pommes.

A droite, des plantes d'aloès, une colonne à moitié brisée, une croix sur une hauteur, annoncent la Terre-Sainte.

On voit un moulin dans lequel un ana-chorète est agenouillé devant un prie-dieu.

montagne, dans le fond, est la ville de salem.

A gauche, un chevalier part de la Nor-mandie pour la conquête de la Terre-Sainte ; il pr les flancs de son cheval qui s'élance au galop.

A droite, un Musulman court défendre Jérusalem. La peur le saisit; son cheval se cabre et le renverse, ou peut-être, est-ce le personnage parti de la Normandie, qui meurt en Terre-Sainte? Cette supposition serait as-sez vraisemblable, en ce que le costume de l'homme et le harnachement du cheval sont absolument les mêmes de part et d'autre.

La prise de Jérusalem, par Godefroy de

Bouillon, ayant eu lieu en l'année 1099, le sujet traité dans le *tableau inférieur* prouve que la cheminée, dont nous venons de donner la description, n'a pu être construite qu'au commencement du 12.ᵉ siècle; ce qui s'accorde avec l'opinion que l'Abbaye a été fondée en 1145.

L'Hôpital de la Marine.

Cet Hôpital est considérable et bien administré. Il renferme plusieurs belles salles pour les malades, une chapelle, une bibliothèque, un amphithéâtre, et tout ce qui convient à un établissement de ce nature.

Il n'y reste, des anciennes constructions, que le *chapitre* et le *réfectoire*. Tous les autres bâtimens sont modernes.

Les *convalescens* ont une *cour* et un *jardin* pour se livrer à la promenade.

11*

Cinquième Journée.

———◦○◦———

L'Hôpital civil. — Maison où est né l'abbé de Beauvais. — Ancien Château de Cherbourg. — La Halle. — La Prison. — La Poudrière et la Salle d'armes de l'Artillerie de terre. La Chapelle Saint-Sauveur.

———◦○◦———

L'Hôpital civil.

(Rue Tour-Carrée ou de l'Hôpital, n.° 21.)

Les fondemens d'un *Hôpital* ou *Hôtel-Dieu* furent jetés à Cherbourg, en même tems que ceux de la première église, c'est-à-dire, vers l'année 435. (*)

Cet *Hôpital* était situé hors des murs de la

(*) Voisin-Lahougue.---Rétau-Dufresne, hist. de Cherbourg.

ville, en un lieu nommé la *Bucaille*. Ce fut un des quatre établissemens auxquels Guillaume-le-Conquérant fit des donations, en 1053, pour l'entretien à perpétuité de cent pauvres. On sait que ces donations furent faites en expiation de son mariage avec Mathilde, fille de Baudouin-le-Pieux, comte de Flandres, sa cousine germaine, mariage qui lui valut l'excommunication de Léon IX, en plein concile, à Reims.

Robert Wace rapporte ce trait de la vie de Guillaume :

« Ly Duc pour satisfaction
Et que Dieu ly fasse pardon ,
Et que l'apostole consente
Que tenir puisse sa parente ,
Fist cent pouvrades établir
A cent pauvres, paistre et vestir
A méhaignés et non véants,
A langoureux et non pouans,
A Chicrebourg et à Rouen ,
A Bayeux et à Caen :
Encor y sont, encor y durent ,
Si comme établis y furent. »

Nagerel dit aussi dans sa *Chronique:*

« Après les épousailles, Mauger , archevêque de Rouen, excommunia le duc Guillaume et sa femme, pour être trop prochains de lignage : néanmoins qu'ils fussent dispensés, au moyen que le duc aumônat rentes pour le vivre et vêture de cent pauvres aveugles, partie à Cherbourg, partie à Bayeux, partie à Caen et autre partie à Rouen, où encore sont les hôtels. »

Guillaume donna en outre au *Prieur* de l'*Hôpital*, le fief du *Lardier*, confisqué sur le comte Gerberot, (*) qui s'étendait dans presque toute la ville, avec la seigneurie de Cherbourg et le commandement des bourgeois de la garde du château. Car, « dans ce tems, on prétendait, dit l'auteur de l'*Histoire ecclésiastique*, (**) que les évêques et abbés étaient obligés de porter les armes à cause de leurs fiefs. »

Le *Prieur*, choisi par les habitans euxmêmes, avait le droit de prendre pour lui et ses vassaux tout le bois dont ils pouvaient avoir besoin, dans les forêts de Brix et de Tourlaville. Il avait aussi le droit de *franc*

(*) Voyez page 15.

(**) Fleury.

panage (*) dans ces mêmes forêts, et le second porc, de ceux qui échéaient au prince,
à l'époque du *panage*, lui appartenait. (**)

Mais aussi, que la guerre survint, le *Prieur*
et ses hommes étaient tenus de faire le service
militaire et devaient fournir les chariots, béliers et autres instrumens que l'on employait
alors pour attaquer les châteaux (***), « et, s'il
avient ou avenait, dit une ancienne *sentence*,
que pour cause de guerre, il convenist faire
lardier des chars en châtel de Chiercbourg
pour notre Sire le Roy, ledit priour et ses
hommes seront tenus à faire le service, et
pour chacun jour que le service dureroit,
ledit Priour airoit 12 deniers tournois. »

En 1346, Jean Rouelle, *Prieur* et commandant du château de Cherbourg, s'y dé-
fendit si vaillamment, qu'il força les Anglais
à lever le siège.

L'Hôpital ayant été brûlé à deux reprises

(*) Le droit de mettre des porcs à manger le
gland.

(**) Voisin-la-Hougue.

(***) Id·

différentes, le *Prieur* Jean Cabieul acheta, en 1304, un terrain dans le voisinage de l'église, sur lequel il le fit rebâtir, sous le nom d'*Hôpital de refuge*. Quelques années après, il y ajouta une *Chapelle*, qu'il mit sous l'invocation de Saint-Louis. (*)

En 1626, l'*Hôpital* et la *Chapelle* furent réduits en cendres, par suite d'un accident qui arriva lorsqu'on désinfecta ces bâtimens après la peste. (**)

Les habitans, décimés et ruinés par la contagion, ne purent pas songer à la la réédification immédiate de leur hôpital. Elle n'eut lieu qu'en 1639, pour l'*Hôpital* proprement dit, et qu'en 1644 pour la *Chapelle*. Ce fut M. Michel Groult, curé de Cherbourg, élu *Prieur*, qui fit toutes les avances nécessaires, comme le prouve encore l'inscription suivante, attachée à l'un des murs de la *Chapelle* :

« Michael Groult, presbyter et rector ecclesiæ Cœsarisburgensis, concivium suorum suffragiis,

(*) Voisin-la-Hougue.
(**) Id.

3 maii 1639, hujus domûs Prior, hanc à fonda-
mentis reparavit. Anno 1644. »

Depuis, l'*Hôpital* a reçu divers accroissemens. Le plus important fut la construction
en 1767 du grand bâtiment situé le long de
la petite ruelle à l'est, appelée la *chasse des
Sœurs*. (*)

Dans la révolution, après le pillage de
l'hospice, on fut forcé, faute de moyens pour
les garder, d'ouvrir les portes aux pauvres
et aux malades, qui se répandirent de tous
côtés dans la ville pour y demander du
pain. (**)

Mais l'ordre étant enfin revenu, on rendit
quelques fonds à l'*Hôpital*, et l'on rétablit la
Chapelle qui avait été convertie en *cellier*. Elle
fut r'ouverte le 8 septembre 1804.

On voit dans cette *Chapelle* l'épitaphe

(*) M. l'abbé Demons. Mém. manusc. sur
l'Hôpital de Cherbourg.

(**) Id.

d'un ancien *prieur* qui y a été enterré. Elle
est ainsi conçue :

« Hic

Matteus Cresté peccator et sacerdos mærens,
Hujus Dei domûs prior insufficiens,
Nuper de Tollevastro pastor existens,
E vivis sublatus jacet obdormiens.
    Orate, fideles ,
  Ut inter sanctos et electos
  Dei respiret ressuscitatus.
    Amen.
Obiit die 13 decembris 1752 ætatis suæ 77. »

Le 6 juin 1811 , l'Empereur autorisa par
décret la ville de Cherbourg à construire un
nouvel *hôpital*, propre à contenir 600 individus, avec les fonds qui proviendraient de
la vente de l'ancien, augmentés d'une allocation de 20,000 fr. par an, pendant neuf
années, à partir de 1815. (*)

Ce projet ne fut point mis à exécution.

Cependant , il n'est pas d'établissement

_____

(*) Journal du département de la Manche, du
19 juin 1811.

dont Cherbourg ait un plus pressant besoin. L'*Hôpital* actuel est beaucoup trop petit, (*) ce qui oblige souvent à placer des malades dans d'autres maisons ; de plus, il est très-mal distribué, et la plupart des salles, sombres, humides et par conséquent malsaines, ressemblent à de véritables galetas.

A la tête de l'*Hôpital* est une *Supérieure*, qui le dirige avec un grand esprit d'ordre et d'économie. Il est administré par une commission nommée à cet effet par le préfet du département.

***

Maison où est né l'abbé de Beauvais.

(Même rue.)

En sortant de l'*Hôpital civil*, le Voyageur aura à remarquer la *maison n.° 15*, au coin de la *rue du Nord*, habitée en ce moment par le sieur *Fleury*, *tonnelier*.

(*) Il ne peut contenir que 200 personnes, tant hommes que femmes et enfans.

C'est dans une des chambres de cette *mai-son* qu'est né, le 10 décembre 1731, Jean-Baptiste-Charles-Marie de Beauvais, évêque de Sénez, mort à Paris, d'une maladie de langueur, le 4 avril 1790.

Son père était avocat au Parlement de Paris ; sa mère se nommait Charlotte Luce.

Nous ne rappellerons pas ici les différens titres qui recommandent le nom de l'abbé de Beauvais à la postérité ; tout le monde les connaît. On sait qu'il fut une des gloires de la tribune chrétienne ; qu'il approcha souvent de l'élévation de Bossuet et atteignit plus souvent encore la douceur de Massillon. « Depuis ces deux grands modèles, dit Chénier, (dans son *Tableau de la littérature française*, en parlant de l'abbé de Beauvais), aucun orateur n'a mieux saisi le ton noble et persuasif qui convient à l'éloquence de la chaire. »

Il reste de l'abbé de Beauvais des *panégi-riques*, des *oraisons funèbres* et des *sermons*.

Terminons en émettant un vœu, qui ne peut manquer d'être compris de nos conci-toyens, c'est, qu'il soit placé, sur la *maison* où est né l'illustre et vertueux évêque de Sénez, une *inscription* qui la désigne d'une manière particulière au respect et à la reconnaissance publique. Les habitans de la Ferté-Milon montrent avec orgueil la maison de Racine, ceux de Château-Thierry, celle de La Fontaine, ceux de Rouen, celle de Corneille, ceux de Caen, celle de Malherbe. La maison où un homme de génie a vu le jour n'est plus une maison, c'est un temple.

Ancien Château de Cherbourg.

Le *Château* ou *Castel* de Cherbourg (Castellum Carusburc) était, si nous en croyons Froissard, *l'ung des forts châteaux du monde*. On fait remonter l'époque de sa fondation jusqu'aux Romains, et même plus loin encore. (*)

C'était là que les habitans se retiraient, comme dans un fort inexpugnable, toutes les fois qu'un ennemi audacieux s'appro-

(*) Voyez page 11.

chait de la ville. C'est là que, notamment,
ils opposèrent une vigoureuse résistance aux
troupes d'Etienne de Blois en 1139, et re-
poussèrent victorieusement, en 1293, celles
d'Edouard 1er.

Henri, neuvième duc de Normandie et
roi d'Angleterre, fit enfermer, en 1112,
dans le *Château* de Cherbourg, le comte de
Bellesme, ambassadeur de Louis-le-Gros.

On croit aussi, que ce fut dans cette forteresse que Jean–sans–terre enferma Arthur
de Bretagne, mais on n'a rien de positif à
cet égard, puisque les historiens nomment
également le château de Falaise et la tour de
Rouen. (*)

Le *Château* de Cherbourg formait un
carré irrégulier. La rue, dite aujourd'hui
du *Château*, a été tracée sur son emplacement. Les rues *des Portes*, *des Fossés* et
Notre-Dame tirent leurs noms des *portes*,
des *fossés* et de la *Chapelle du Château*.

Il y avait, tant dans le *Château* que dans

_____

(*) Voisin-la-Hougue.

le *donjon*, douze tours rondes, et de plus,
une tour carrée d'observation appelée *beffroi*,
qui se trouvait à quelque distance du *Châ-*
teau.

Le *donjon* occupait le nord. Il était élevé
de plus de 96 *pieds* et entouré de fossés
comme le *Château.* Le diamètre de sa base
était de 45 *pieds* (*)

La *Chapelle* avait été fondée en 998 par le
duc Richard II dit le *Bon.* Guillaume-le-
Conquérant la fit aggrandir et la dota , après
y avoir mis des chanoines. Elle était placée
sous l'invocation de S.t-Benoit et pouvait
avoir à peu près 60 *pieds* de long sur 45 de
large. Son chapitre fut transféré à Coutances,
en 1332 , par le roi de France Philippe VI ,
à la prière de Guillaume de Thieuville, évêque
de Coutances, qui l'érigea en paroisse. Le
roi lui donna ainsi qu'à ses successeurs le
droit de présenter à la cure de la ville et se
réserva le patronage du *Château.*

« Cette Chapelle, dit Toustaint de Billy, (**)

(*) M. l'abbé Demons , Mém. man. sur le Ch.
de Cherbourg.

(**) Hist. man. du Cotentin.

était si estimée, qu'on se trouvait heureux et dans le comble d'honneur de pouvoir y être inhumé. »

On lit, dans la *Chronique de Normandie* de Nagerel, le trait suivant :

Un docteur de Lombardie, nommé Bernard, homme du plus grand mérite, qui était venu exprès d'Italie pour voir le duc Richard II, et que ce prince avait gardé auprès de sa personne en qualité de conseiller, fut le trouver un jour, pendant qu'il était en prières à sa *Chapelle* et lui dit : « Syre, vous » m'avez moult aymé, dont je vous remercie. » Aussi, vous ay-je grandement aydé et » moult loyalement servi, et pour toutes » choses, je vous requiers un don !—Vous » l'aurès, dist le duc, demandès.—Je vous » requiers que dedans trois jours que je » mourray, je soye mis en terre en cette » vostre chapelle.—Se le cas s'offre, dist le » duc, ce que Dieu ne veuille, je vous l'oc- » troye. »

Bernard mourut le troisième jour comme il l'avait prédit et fut enterré dans la *Cha- pelle* ducale, suivant la promesse de Richard,

C'est dans cette même *Chapelle* que fut inhumé Mauger , archevêque de Rouen , qui se noya, près de Cherbourg, au moment où il revenait secrètement del'île de Guernesey où il avait été exilé. (*)

Le *Château* de Cherbourg et la *Chapelle* ont été démolis en 1688.

On ne creuse pas la terre, sur l'emplacement qu'ils occupaient, sans rencontrer encore de vieilles murailles, des restes de voûtes et de souterrains. « Il n'y pas long-tems, dit M. l'abbé Demons, (**) qu'en jetant les fondemens d'une maison , rue Notre-Dame , on découvrit un caveau ou cachot d'environ 8 *pieds* sur tous sens. L'entrée en était assez étroite et on y descendait par deux degrés. On y aperçut avec surprise un squelette couché sur le dos, les deux mains attachées sur la poitrine avec des menottes. Un bout de chaîne et un boulet étaient à côté de lui. »

Le puits du *Château* subsiste encore. Il a plus de 30 *pieds* de profondeur. On le nomme vulgairement le *Puits d'Enfer*.

(*) Voyez page 15
(**) Mém. déjà cité.

La Halle.

——⊛——

Ce bel édifice, construit sur les plans et sous la direction de M. Le Sauvage, architecte de la ville, a été livré au public le 1.er janvier 1833.

Il a 61 *mètres* 46 *centim.* de longueur extérieure sur 64 *mètres* 40 *cent.* de largeur. Sa plus grande hauteur est de 24 *mèt.* environ.

Il se compose d'une vaste *pièce intérieure* et de *galeries*. C'est dans les *galeries* que l'on dépose les grains à vendre.

On a, assure-t-on, le projet de faire une *Salle de spectacle* dans la partie du milieu.

La *Halle* est précédée au nord et au sud par des *cours* de 16 *mètres* de largeur, aux angles desquelles sont des *Pavillons* destinés probablement à loger les employés de l'établissement.

La Prison.

A côté de la *Halle* se trouve la *Prison,*
dont l'exécution répond parfaitement à l'importance de la ville. Elle a reçu pour la
première fois des prisonniers en 1827.

<hr/>

La Poudrière et la Salle d'armes de l'Artillerie de terre.

(Rue de la Poudrière.)

Ces deux établissemens se touchent, pour
ainsi dire.

La *Poudrière* de Cherbourg, l'une des
plus belles de France, renferme ordinairement *trois cent milliers* de poudre.

On ne peut la visiter qu'avec une permission spéciale du Directeur de l'Artillerie
de terre.

Plus d'une fois déjà, des pétitions ont été

adressées au gouvernement par les habitans, pour demander que les poudres soient
emmagasinées dans quelque autre bâtiment
situé hors des murs de la ville. Ces pétitions sont restées jusqu'à ce jour sans résultat. Cependant, rien de plus légitime que ces
réclamations, car il est probable que, si la
Poudrière venait à *sauter*, pas une maison
de Cherbourg ne serait épargnée : lorsque
la *Poudrière* de Grenelle, qui contenait *cent
milliers* de poudre seulement, *sauta*, le 31
août 1794, tout le quartier du Gros-Caillou
fut bouleversé, plus de mille personnes périrent, la voûte du Panthéon se fendit, et,
jusque dans la grande galerie d'histoire naturelle, au Jardin des Plantes, il y eut des
poutres ébranlées.

Et que faut-il pour amener une explosion ?
presque rien : la moindre imprudence, le
plus léger oubli de la part des personnes
ayant entrée à la *Poudrière*. Combien de fois
même des *poudrières* ont -- elles *sauté*, sans
qu'on ait pu assigner à l'événement aucune
cause apparente !

Espérons qu'enfin le gouvernement ouvrira
les yeux et sentira quelle terrible responsa-
bilité il assume sur sa tête, en persistant à

entretenir, au centre même de Cherbourg, un foyer de destruction et de mort.

Dans le grand bâtiment de l'est se trouve, au premier, la *Salle d'armes de l'Artillerie de terre*. Là, est une immense quantité de fusils, de sabres et autres objets d'équipement, tous rangés dans un ordre admirable et entretenus avec le soin le plus parfait.

Au rez-de-chaussée, sont encore des magasins où se conservent les cartouches confectionnées.

La Chapelle Saint-Sauveur.

Le voyageur pourra terminer cette *Journée*, en allant voir une petite *Chapelle*, située à un quart de lieue environ de Cherbourg, vers Octeville.

Il y remarquera le tombeau du *bienheureux* Barthélémy Picqueray, né à Cherbourg, le 10 octobre 1609 et mort le 2 septembre 1685.

Barthélémy Picqueray était prêtre. A

l'âge d'environ 50 ans, il se retira à cette *Cha-pelle*, qui s'appelait alors la *Chapelle Sainte-Honorine*. Elle tombait en ruines; il la fit restaurer, et, comme parmi les statues dont il la décora, il y en avait une du Sauveur, la *Chapelle* prit le nom de *Chapelle Saint-Sauveur*.

« Dans cette tranquille solitude, dit Voisin-la-Hougue (*), il redoubla ses austérités, ses ferveurs et ses travaux. Sa nourriture ordinaire était du pain et de l'eau ; il portait un rude cilice, se disciplinait fort souvent, et passait une partie des nuits dans sa chapelle en oraison. »

Il fut inhumé à la porte de sa *Chapelle*, ainsi qu'il l'avait désiré, mais la *Chapelle* ayant été depuis allongée, le tombeau se trouve maintenant au milieu de la nef.

Dès le jour de sa mort, il s'opéra, dit-on, deux miracles à son tombeau, et le registre de la *Chapelle* fait mention de plus de trente guérisons qui s'y opérèrent successivement.

(*) Histoire man. de la ville de Cherbourg.

La vie de Barthélémy Picqueray a été imprimée à Coutances, en 1747.

Dans une pièce de terre, au-dessous de
cette *Chapelle*, on voyait, il n'y a pas
encore long-tems, deux croix de pierre. On
suppose que c'étaient celles qui avaient été
placées sur les tombes des comtes de Dunois
et de Saint-Paul, tués pendant le siége de
1379. (*)

(*) Voyez page 18.

Sixième Journée.

———

———

La Montagne du Roule.

Le voyageur ne peut pas quitter Cherbourg avant d'avoir fait une excursion sur la *Montagne du Roule*. Des quatre hauteurs qui environnent la ville au midi, c'est sans contredit la plus remarquable. On y jouit d'une vue magnifique : c'est un véritable panorama. D'un côté, l'œil découvre jusqu'à l'anse d'Urville, célèbre par la descente des Anglais en 1758, et de l'autre, jusqu'au de-là du cap Lévi.

La *Montagne du Roule* est une énorme masse de *grès veiné de quartz.* Sa hauteur perpendiculaire, mesurée avec le baromètre par M. Henry Delaroque, a été de 342 *pieds*, et, mesurée plus exactement par le Corps du génie militaire, de 357 *pieds*, au-dessus du niveau des basses mers d'équinoxe. (*)

Les historiens rapportent que lorsque Duguesclin vint faire le siége de Cherbourg, en 1379, il se servit, pour attaquer les murs de la ville, de grosses boules de pierre, que des béliers lançaient du haut de la *Montagne du Roule*. En démolissant le *Château*, on trouva plusieurs tours remplies de ces boules et Voisin-la-Hougue assure que de son tems, on en voyait encore une grande quantité dans les rues.

Sur le sommet de la *Montagne*, à la place où est aujourd'hui le *Fort*, il y avait, avant la première révolution, une très-belle croix de granit, élevée par les *Hermites* qui s'étaient fixés près de là, comme nous le dirons tout à l'heure. Cette croix avait remplacé une ancienne croix de bois, abattue par le tonnerre dans un violent orage, au mois d'août 1753.

C'est de la *Montagne du Roule* qu'ont été

(*) M. l'abbé Demons. Hist. civ. et relig. de Cherbourg manusc.

tirés les blocs volumineux dont on s'est servi pour les revêtemens de la *Digue*. C'est encore de là que seront tirées les pierres nécessaires à l'achèvement de cet important ouvrage. On les transportera, au moyen du *chemin de fer*, sur le quai est du *bassin de commerce*, où des bâtimens les prendront pour les porter à leur destination.

Le Fort.

Ce petit *Fort* a été construit dans les premières années de la révolution. En 1813, les prisonniers espagnols envoyés à Cherbourg y firent plusieurs augmentations. Il est destiné à défendre les approches de la place du côté de la terre.

L'Hermitage-de-Haut.

Derrière le *Fort*, à quelque distance vers l'est, dans un massif d'arbres, est une ferme, connue sous le nom de l'*Hermitage-de-Haut*, parce qu'elle remplace un ancien *Hermitage*, dont il ne reste que la *Chapelle*, en fort mauvais état, et quelques *cellules*.

La *chapelle* était dédiée à la sainte Vierge, sous le titre de *Nôtre-Dame-de-Protection*.

Cet *Hermitage* avait été fondé vers l'an 1650 par un prêtre du pays, nommé le P. Duquesne. A sa mort, les évêques de Coutances y établirent des *Hermites* de saint Antoine. C'étaient des religieux mendians. Ils ont occupé cette maison jusqu'à la révolution.

Le cimetière de la communauté était au pied de la croix du *Roule*. On y lisait l'inscription suivante, gravée sur une pierre :

« D. O. M.

» Cy-gist le corps du révérend P. Etienne
» Duquesne, prêtre, fondateur de l'Hermi-
» tage de Notre-Dame-de-Protection, où il a
» été quarante ans anachorète. Il est mort
» en odeur de sainteté, le 11 février 1692,
» à 66 ans, étant né à Cherbourg le 11 fé-
» vrier 1626. » (*)

(*) M. l'abbé Demons, lieu déjà cité.

L'Hermitage-de-Bas.

L'*Hermitage-de-Bas*, ainsi nommé parce qu'il était situé au pied de la *Montagne*, existait, à ce qu'on croit, dès l'année 1546.

Sa *chapelle* était plus grande et plus belle que celle de l'*Hermitage-de-Haut*. Elle était placée également sous l'invocation de la Vierge et portait le nom de *Notre-Dame-de-Grâce*. C'était un lieu de dévotion pour les marins ; on y remarquait plusieurs *ex voto*. Elle est mieux conservée que celle de l'*Hermitage-de-Haut*, quoiqu'il n'en reste plus que les quatre murs. Elle fut desservie d'abord par un cordelier tiré du couvent de Valognes, et ensuite par un prêtre séculier, à la nomination du seigneur de Tourlaville. (*)

La Grotte des Fées.

Dans le *jardin de l'Hermitage-de-Bas*, se trouve une *grotte*, appelée communément le *Trou-des-Fées*. C'est une espèce de caverne

(*) M. l'abbé Demons.

voûtée, qui peut avoir 3o *pieds* environ de profondeur sur trois ou quatre de largeur. On suppose que les *Fées* du canton s'y rassemblaient la nuit sous des formes extraordinaires pour s'y livrer à la magie (*); c'est ce qui lui a valu son nom.

Tombeau romain.— *Médailles.*

En 1741, on découvrit à la *Montagne du Roule,* un *Tombeau romain.* On ne sait plus bien positivement à quel endroit : les uns sont pour la pente de l'est, les autres pour celle qui domine le faubourg du Roule. C'était toujours vers le milieu de l'une ou de l'autre. Il fut fait à ce sujet un *Mémoire,* que l'on peut lire dans le tome XVI de l'Histoire de l'Académie des Inscriptions et Belles-lettres. Ce *Mémoire* est accompagné d'une gravure.

Le *Tombeau romain* avait *six pieds* de longueur, *deux pieds* de hauteur sur le devant et *deux pieds et demi* dans le fond. Il conte-

(*) E. Le Ch. de Pontaumont, Raoul de Rayneval, ou la Norm. au XIV.e Siècle.

nait une urne, une ceinture d'or et environ
300 médailles des empereurs Antonin, Marc-
Aurèle, Commode, et des impératrices Faus-
tine et Lucile.

Un peu plus tard, on découvrit encore
d'autres médailles dans le même quartier et
entr'autres une de Néron. Enfin, en 1768,
on trouva, sous un rocher, au pied de la
Montagne, une petite figure en bronze, haute
de *quatre pouces* à peu près. C'était un prêtre
payen, tenant d'une main une patère, de
l'autre un rouleau et couronné de lauriers.
On peut le voir au Musée de la ville.

Ces différentes découvertes ne doivent laisser aucun doute sur la présence des Romains
dans nos contrées.

La Chapelle Notre-Dame-du-Roule.

Cette petite église a été construite par
souscription. Commencée en 1831, elle a
été assez avancée dès l'année suivante pour
qu'on ait pu y officier. Elle est sous l'invocation de Notre – Dame de l'Immaculée
Conception.

Élevée à l'aide de faibles moyens, elle

est d'une très-grande simplicité. Néanmoins,
à l'intérieur, on a fait un assez heureux
emploi du genre gothique qui, mieux que
tout autre, convient aux édifices religieux.

Le Champ-de-Mars.

En revenant vers la ville, le voyageur
trouvera sur sa droite, presqu'à l'extrémité
de la *promenade du Roule* ou *rue de Paris*,
une rue qui le conduira au *Champ-de-Mars*, vaste place destinée aux grandes revues et aux évolutions militaires.

Le *Champ-de-Mars* est en partie l'ouvrage
du 24.e régiment de ligne qui tenait garnison à Cherbourg, en 1827, sous le commandement de M. le colonel *Barboujac*. Il a
200 *mètres* de longueur sur 140 environ de
largeur. Chacun de ses côtés est planté d'une
rangée de jeunes ormes. Au nord, il est
borné par la grande route de Cherbourg à
Barfleur.

Les Mielles.

Il n'y a pas encore long-tems, qu'à l'est

de Cherbourg, au lieu de ce grand nombre
d'élégantes maisons, qui s'élèvent à droite et
à gauche de la *route* de Barfleur, on ne
voyait qu'une immense plaine de sable, oc-
cupant tout l'espace compris entre Cherbourg, la mer, Tourlaville et le pied de la
Montagne du Roule.

C'est ce qu'on appelait *les Mielles* ou *la
Mielle.*

« C'était, dit M. Asselin (*), une mer de
sable à perte de vue; elle était couverte de
dunes plus ou moins rapprochées les unes
des autres; quelques plantes seulement y
apparaissaient de loin en loin, telles que le
millegreust, *triticum junceum*; l'arrête-bœuf
ou bugrande, *ononis repens*; le caille-lait ou
petit muguet, *galium verum*; le chardon
rôland, *erynyium campestre*; et les deux espèces de *juncus acutus et maritimus* »

La ville vendit une partie des *Mielles* en
1826 et l'autre en 1828. Il s'est trouvé que

(*) Notice sur la découverte des restes d'une
habitation romaine dans la Mielle de Cherbourg,
1830.

ces terrains, abandonnés pendant tant d'années comme incapables de produire, étaient
au contraire des plus fertiles et d'une très-
haute valeur. La terre végétale a été rencon-
trée presque partout à 18 ou 20 *pouces*.

Il est aujourd'hui bien prouvé que le terrain de la *Mielle* n'a pas toujours été enseveli
sous le sable. D'abord, on a retrouvé les fondations de l'ancienne *chapelle de la Madeleine*,
à quelque distance du rivage. Puis, les acqué-
reurs, en faisant des fouilles pour préparer
leurs terres, ont découvert près de 400 médailles romaines de bronze, plusieurs figurines en terre cuite, représentant, les unes
Vénus, les autres des chevaux; des meules
de petits moulins à moudre le grain, des morceaux de fer, des fragmens de poterie et des
bouteilles en terre cuite, un ancien puits,
enfin les fondemens d'une maison carrée de
9 *mètres* environ de longueur sur 7 de largeur.

Il résulte de ces découvertes, suivant M.
Asselin, qu'il y avait dans la *Mielle* une ha-

bitation romaine, dont le propriétaire était peu
riche, cultivateur ou pêcheur.

« Il est difficile d'expliquer, dit-il dans sa
Notice de 1830, comment et à quelle époque
cette habitation romaine a été enfouie sous
les sables. On ne peut à cet égard donner
que des conjectures ; mais quand elles déri-
vent de faits matériels, elles peuvent devenir
plus que des probabilités, et conduire à la
vérité. Voici ce qui est réel : c'est que la mer
s'avançait plus autrefois dans la Mielle que de
nos jours, et qu'elle continue visiblement à
s'en éloigner pour envahir à une lieue de distance les terrains de la côte de Bretteville à
l'est, et ceux de la baie de S.te-Anne à l'ouest;
de plus, dans cette même partie de la Mielle
dont nous nous occupons, la mer s'est fait
elle-même à sa rive, une digue de sable qui
s'élève peu à peu, et qu'elle ne dépasse plus,
en laissant en avant de cette digue un long
ravin qu'elle occupait et qu'on défriche maintenant pour le mettre en culture; c'est immédiatement au-dessus de ce ravin qu'était
située l'habitation romaine. Elle n'est au moment actuel qu'à soixante toises de la pleine
mer; mais alors elle touchait au rivage au
moins dans les grandes marées.

» Après avoir ainsi établi la situation des
lieux, on peut dire qu'il a suffi d'une tempête violente au moment de la pleine mer
d'une grande marée, pour frapper dans sa
fougue cette habitation et la détruire sans
que rien pût s'y opposer. Toutes les médailles
qu'on a trouvées dans un espace de sept ou
huit pieds carrés, étaient sur la surface de
la terre sans y être enfouies, et cependant
sous le sable. Les figures et autres objets se
trouvaient jetés, comme les médailles, dis-
persés et brisés à dix, même à quinze pieds de
l'habitation.

» Le désordre, enfin, dans lequel on a
retrouvé tout épars çà et là, ne laisse pas de
doute que cette destruction a été l'effet d'une
catastrophe subite qui n'a pas laissé le tems
d'enlever ces objets; et cette catastrophe ne
peut être attribuée qu'à une de ces violentes
tempêtes auxquelles rien ne résiste, car on
n'a trouvé là aucune trace ni indice d'incendie. Il est une observation que j'ai faite sur
le terrain, et qui peut être de quelque poids;
c'est qu'on n'a rien trouvé dans l'emplacement même de la maison, soit que l'habitant
soit venu lui-même chercher et emporter ce
qu'il aura pu y retrouver de son mobilier,

soit que la distance à laquelle les objets d'un moindre poids avaient été jetés ait rendu ses recherches inutiles.

» Quant à l'époque de cette destruction, on ne peut en trouver d'indice que dans les deux médailles de Constantin premier, qu'on y a trouvées. Elles sont dans la collection de M. Duchevreuil ; ce sont les plus rapprochées de nous, et toutes les autres qu'on y a trouvées sont antérieures au règne de cet empereur. Si l'habitation avait subsisté après lui, il n'est pas douteux qu'on aurait trouvé des médailles de ses fils et de ses successeurs, qui sont très-communes dans toutes les collections. Alors cette habitation aurait été détruite au commencement du quatrième siècle, époque à laquelle les Romains occupaient encore la presqu'île du Cotentin. »

M. de Gerville, dans son Mémoire intitulé *Recherches sur les villes et voyes romaines du Cotentin*, cite, en parlant des fouilles faites dans la *Mielle*, une ville de *Coriallum* dont il croit avoir reconnu les traces. Il parle également de deux *voyes romaines* qui auraient existé dans la *Mielle*, l'une conduisant d'*Alauna* à *Coriallum*, et l'autre allant du vieux Cherbourg vers Coutances.

M. Asselin a combattu les idées de M. de
Gerville, dans une brochure publiée en 1832,
et ayant pour titre : *Supplément à la Notice
imprimée en 1830, sur la découverte d'une
habitation romaine dans la Mielle de Cherbourg*, où il soutient, que l'emplacement de
l'ancien *Coriallum* n'est autre que celui même
de la ville et du château de Cherbourg, et
que l'existence de deux *voies romaines* dans
la *Mielle* est impossible. *Et adhuc sub judice
lis est.*

—•—

FIN DES JOURNÉES.

SUPPLÉMENT

AU

GUIDE DU VOYAGEUR

à Cherbourg.

—⋙⋘—

Places, Rues, Impasses et Passages.

—⊛—

Il y a à Cherbourg 10 places, 59 rues, 12 impasses et 5 passages.

Places :

Du Champ-de-Mars.
De la Divette (ou Collart.) (*)
De la Trinité (ou de la Révolution.)
Du Rempart.
D'Armes.
De la Poudrière (ou de la Demi-Lune.)
De la Fontaine.
Du Château.
Saint-Laurent.
Des Sarrazins. (**)

(*) M. Collart était maire de Cherbourg avant la révolution de Juillet.

(**) Cette place prend son nom d'une des tours des anciennes fortifications, dite *la Tour des Sarrazins*, dont elle occupe l'emplacement, et qui a été détruite en 1778.

Rues :

Du Val-de-Saire.
De la Cayenne.
Du Rivage.
Des Sables.
Des Mielles.
De Paris (ou Promenade du Roule.)
Du Roule.
De l'Ancien-Quai.
Quai-du-Bassin.
Quai-de-l'Ouest.
Quai-du-Port.
De la Divette.
Du Port.
De la Marine.
De l'Avant-Port.
Des Moulins.
De l'Eglise.
D'Espagne.
Du Nord.
Tour-Carrée (ou de l'Hôpital.)
Au Blé (ou du Lundi, anciennement rue
    du Nouët.)
Au Fourdrey.
De la Vase.
Grande-Rue (ou du Jeudi.) (*)

(*) Parce que long-tems le marché du *jeudi* s'y
est tenu, de même que celui du *lundi* se tenait
dans la rue au Blé.

Des Fossés.
Notre-Dame. } Ces quatre rues occupent
Du Château. l'emplacement de l'ancien
Des Portes. Château. (*)
De l'Abbaye.
De l'Onglet.
De la Paix.
Auvray.
De l'Union.
Grande-Vallée.
Des Bastions (ou du Palais.)
Des Jardinets.
Des Corderies.
Christine.
Bondor.
Du Chantier.
De la Polle.
De la Comédie.
De la Duchée.
De Bailly (ou du Collége.)
De la Poudrière.
Des Carrières.
Corne-de-Cerf.
De la Fontaine.
Du Faubourg.
Sainte-Honorine.
Du Vieux-Pont.

(*) Voyez page 15

Des Ormes.
Des Tanneries.
Hervieu.
Bonhomme.
Couespel.
De la Bucaille.
Saint-Sauveur.
De la Cibrannerie.

Impasses :

Laurent.
Liot.
Sauvé.
Bertrand.
Coupey.
Moulin.
Destrée.
Aubry.
Dubost.
Terrier.
Adam.
Ferey.

Passages :

Meslin.
Grisbé.
Ledos.
Digard,
Olivier.

Abbaye Sartrine.

Au commencement du XIV.ᵉ siècle, lorsque, pour la première fois, Cherbourg fut fermé de murailles par ordre de Philippe-le-Bel, le Prieur de l'Hôtel-Dieu et l'Abbé pensèrent l'un et l'autre à se procurer, dans la nouvelle enceinte, une *maison de refuge*, c'est-à-dire, un lieu où, en tems de guerres, ils pussent être parfaitement en sûreté. (*) Le premier vint s'établir dans l'Hôpital actuel (rue Tour-Carrée) dont il avait jeté lui-même les fondemens (**), et le second, dans deux maisons de la rue du *Nouët* ou *au Blé*, s'entretenant, qu'il acheta des nommés Thomas Sartrin et Richard de Nissette. C'est ce qu'on appela l'*Abbaye Sartrine*. En 1370, Charles-le-Mauvais accorda à l'Abbé une charte de confirmation, par laquelle il lui permit d'acquérir jusqu'à 40 livres de revenu annuel, sans payer de droits d'amortissement. « en consi-

(*) Voisin-la-Hougue. Hist. Manusc. de la ville de Cherbourg.

(**) Voyez page 134.

dération, dit cette charte, de ce que plusieurs de leurs maisons ont été abattues et détruites, aucunes parce qu'elles étaient près des fossés de notre chastel, autres pour la closture des murs et fossés nouvellement faits autour de ladite ville, et les héritages pris et occupés aux dits murs et fossés, en ce que le dit Monstier a été et est abattu pour doute que les ennemis du royaume y fissent forteresse. »

La chapelle de l'*Abbaye Sartrine* existait encore en 1549, comme le prouve l'Aveu rendu cette même année à François 1.er par l'Abbé Léobin Le Fillastre et ses religieux.

Cette *Abbaye* fut démolie et remplacée par la *Prison du Baillage*. Rien ne peut la rappeler aujourd'hui, si ce n'est une petite rue, connue sous le nom de *Chasse* (*) de *l'Ancienne Prison*, qui se trouve entre les maisons n.os 19 et 21 de la rue *au Blé*.

———————

(*) On appelle *chasses*, à Cherbourg, les petites ruelles.

Couvent de Bénédictines.

Dans la *rue au Fourdrey* (*), au n.º 17, on voit encore l'entrée principale d'un ancien *Couvent de Bénédictines*, fondé, le 24 décembre 1623, par Jean de Tourlaville et Madeleine de la Vigne, dame de Tubeuf, sa femme. La sœur de cette dernière, Charlotte de la Vigne, fut la première *Abbesse*.

En 1626, la peste ayant fait périr plusieurs religieuses, les autres, effrayées, abandonnèrent Cherbourg, et se retirèrent à Valognes, où elles fondèrent l'*Abbaye des Bénédictines*.

A l'extrémité de cette même rue *au Fourdrey*, du côté de la *Grande-Rue*, est une maison sur la porte de laquelle on lit :

	TECVM HABITAT	
URG IEVL DILY	OPTIMVM	TÒ PROCHAIN
AYR IOVI·	ALIENA FRYE	CÒB TOY-MESM
	INSANIA	
	1569.	

On n'en sait pas davantage sur cette maison

(*) Cette rue est une des plus anciennes de Cherbourg. Dans un contrat de 1317, on la nomme *vicus in quo moratur Robertus Le Fourdrey.*
(Note communiquée par **M.** l'abbé De mons.

Hôtel de la Préfecture Maritime.

(Rue des Bastions, n.° 12.)

Cet *Hôtel* a été bâti, il y a environ cin-
quante ans, par M. Maurice, entrepreneur,
à qui la ville de Cherbourg est redevable de
ses plus belles maisons. Bien que propriété
particulière, il a toujours servi de résidence
aux principales autorités. Ce fut le général
Dumouriez qui l'occupa le premier; maintenant il est la demeure du Préfet maritime
du 1.er arrondissement.

C'est là que sont descendus et qu'ont logé
successivement, pendant leur séjour à Cherbourg, Napoléon, Marie-Louise, le duc de
Berry, la Dauphine, le Dauphin, don Pedro, l'impératrice du Brésil et dona Maria.

Cet hôtel renferme un fort beau salon de
réception.

Société Royale Académique.

En l'année 1755, plusieurs savans et lit-
térateurs de Cherbourg conçurent le projet
de créer, dans cette ville, une *Académie.*
C'étaient MM. Anquetil, prêtre; Delaville,
médecin; Groult, procureur de l'amirauté;
Avoine-Chantereyne, receveur de l'amiral ;
Voisin-La-Hougue, professeur d'hydrogra-
phie, et Pierre Fréret, artiste.

En peu de tems, le nombre des membres
fut porté à vingt-quatre. Leur devise était :
Religion et Honneur. Ils s'assemblaient régu-
lièrement le jeudi de chaque semaine, pour
s'occuper de sciences, de littérature et d'agriculture. Ils distribuaient tous les ans des
prix aux élèves des différentes écoles, et, sur
leur présentation, celui de l'école d'hydro-
graphie qui s'était le plus distingué, était
dispensé d'une partie des conditions exigées
pour obtenir le grade de capitaine au *long-
cours.*

Louis XV reconnut en 1773 l'*Académie*
de Cherbourg, et, en 1818, M. le duc d'Angoulême l'autorisa, sur la demande de ses
membres, à prendre le nom de *Société Royale
Académique.*

La *Société* interrompit ses séances en 1821,
et ne les reprit qu'au commencement de 1829.
Elles ont lieu le premier vendredi de chaque
mois, à six heures du soir, dans une des
salles de l'*Hôtel-de-Ville*. Il y a tous les ans,
dans le mois de novembre, une *séance publique*.

Parmi les anciens membres, on remarque
l'abbé de Beauvais, évêque de Senez ; Guillaume de Bricqueville, major de la milice du
Val-de-Saire ; le général Dumouriez ; le baron Cachin, inspecteur-général des ponts-et-chaussées ; MM. Duchevreuil et Vastel.

Parmi les noms des nouveaux, tant *titulaires* que *correspondans*, nous lisons ceux
de MM. Asselin, ancien sous-préfet, membre de la Société des Antiquaires de Normandie ; De Gerville ; Cauchy, de l'Institut ; de
Caumont ; Pluquet ; Lair, secrétaire perpétuel de la Société d'Agriculture du Calvados ;
Ancelot, auteur de *Louis IX*, d'*Ebroin*, de
Fiesque, tragédies, et de plusieurs drames-vaudevilles ; Gautier d'Arc et du Moncel, l'un
de nos agronomes les plus distingués.

La *Société Royale Académique* de Cherbourg se compose d'*associés titulaires* au

nombre de 24, et d'*associés correspondans.*
Elle a trois officiers : un Directeur, un
Secrétaire et un Bibliothécaire-Trésorier.

Le premier volume des *mémoires* de cette
Société a paru au mois d'août 1833. Il
contient des articles d'un haut intérêt.

━━━━━━◦◦◦◦◦◦━━━━━━

Salle de Spectacle.

(rue de la Comédie, numéro 16.)

C'est tout bonnement un *magasin*, dans
lequel on a construit, vaille que vaille, un
théâtre, et placé une douzaine de loges.
Rien de plus malpropre et de plus mal
entretenu que cette *Salle.* Aussi, à l'exception
de la troupe de Caen, qui est obligée de donner
chaque année quelques représentations à
Cherbourg, ne voyons-nous, pour ainsi dire,
jamais d'acteurs. La Gardère, l'intrépide
La Gardère lui-même, le Talma de la Province, l'artiste cosmopolite, ne nous appa-
raît que de loin en loin, par un reste de
vieille habitude, et encore, ne reste-t-il avec
nous que le moins possible.

Lorsque l'Impératrice Marie-Louise vint à Cherbourg, les autorités eurent bien le courage de la conduire au spectacle dans cette *Salle*. On l'avait un peu *endimanchée* ; rien n'est plus certain, et la preuve, c'est qu'en 1832, on voyait encore se balancer autour des loges, quoique un peu flétries, les guirlandes de fleurs et de feuilles de lierre qui avaient figuré dans la solennité de 1813.

Cette *Salle*, telle qu'elle est, peut contenir de 250 à 300 spectateurs. Elle se loue ordinairement 30 francs par soirée.

On assure que la ville, sentant enfin la nécessité d'avoir une *Salle de Spectacle* plus convenable, est résolue à en faire construire définitivement une dans la partie du milieu de la nouvelle *Halle*. Cette mesure aurait l'approbation de tous les habitans.

Etablissement de Bienfaisance.

(rue de la Duchée , n.° 13.)

Jusqu'en 1830 , l'*Etablissement de Bienfaisance* fut réuni à l'*Hôpital Civil*. A cette

époque, la ville, cédant aux vives instances
de plusieurs dames de charité, permit que
l'on en fit un *établissement* à part.

Cette maison est destinée à recevoir le dépôt général du linge, des médicamens et
des autres objets pour les pauvres. Elle est
desservie par quatre sœurs de la charité, et
dirigée par une supérieure. L'une des sœurs
est chargée de la confection des bouillons et
autres secours ; l'autre des distributions ;
les deux dernières visitent les malades indiqués
par les dames de charité, et leur donnent les
soins que réclame leur état.

Plus de 1500 pauvres reçoivent des secours
annuels et plus de 1100, des secours tempo-
raires.

Voici un extrait du tableau de distribution de l'année 1832.

Pain, . . . 90,000 kilogrammes.
Viande , . 3,466 rations.
Bouillon, . 9,000 litres.
Fagots, . . 2,208.
Paille , . . 6,000 bottes.
Draps , . . 10,000 paires changées.

Chemises, . 4,000 paires.
Tisane, . . 15,000 litres·
Sirops, . .   70 kilogrammes
Soupe, . . 10,000.

Un certain nombre de jeunes filles , orphelines, ou appartenant aux familles les plus
malheureuses de la ville , est admis dans l'intérieur de l'*établissement*. On leur apprend
à travailler, et elles soulagent les sœurs dans
l'entretien du linge.

Tous les ans, le conseil municipal vote une
somme de 10 ou 12 000 francs , quelquefois
plus, pour soutenir *l'Etablissement de Bienfaisance*.

Nous ne terminerons pas cet article sans
ajouter que Madame Duchevreuil, supérieure,
fait bâtir en ce moment , de ses propres deniers, une maison qu'elle destine à un *établissement d'orphelines*. Si l'on y consent, elle join-
dra à cet *établissement* celui de *bienfaisance*.
La ville ne saurait mieux faire , selon nous,
que de laisser , en de si excellentes mains, les
intérêts des pauvres.

Cimetières.

On enterra primitivement, à Cherbourg comme partout, autour de l'Eglise paroissiale.

Ensuite, le *Cimetière* fut reporté plus loin vers l'ouest, au bord de la mer, sur un terrain qui dépendait de l'*Hôtel-Dieu*. La rue *Auvray* et les propriétés qui l'avoisinent occupent l'emplacement de ce second *Cimetière*.

En 1792, un troisième *Cimetière* fut ouvert à l'extrémité de la rue *de la Paix* et derrière celle de l'*Onglet*. L'accroissement de la population, et par conséquent de la mortalité, a forcé de l'abandonner, dès le commencement de l'année 1833. Il doit, dit-on, se trouver plus tard compris dans de nouveaux travaux du *Port-Militaire*.

Le *Cimetière* actuel est situé au bout de la rue de la *Duchée* et près de la grande route des *Pieux*. Il a coûté à la ville 28 000 francs. Sa contenance est de 1 *hectare* 78 *ares* 30 *centiares*. Une partie d'environ 32 *ares* est réservée pour les Protestans.

D'après l'étendue de ce nouveau terrain , en rapport avec la population de la ville , on peut espérer que Cherbourg ne sera plus à l'avenir témoin de ces changemens de *Cimetières*, qui ne se font jamais sans renouveler le deuil des familles , et réveiller une foule d'émotions pénibles.

Il serait à désirer seulement que l'on s'occupât de bâtir des murs autour du *Cimetière*. C'est une dépense qu'il faut absolument faire , et que les sentimens religieux , le respect dû aux morts et la simple décence , réclament hautement.

Du premier janvier 1731 au premier janvier 1830 (espace de 100 ans) le nombre des décès a été pour la ville de Cherbourg , de 30,582 Les années 1812 et 1813 sont celles où il y a eu le plus de décès.

Le choléra-morbus s'est déclaré à Cherbourg au mois de mai 1832. Il a fait mourir environ 200 personnes. Près de 400 ont été atteintes.

Manufacture de Dentelles.

(rue de Bailly, n.o 4.)

Cet établissement, qui devrait plutôt s'appeler *Manufacture de Blondes*, attendu qu'on y fait plus de blondes que de dentelles, a été créé en 1813. Il est dirigé par cinq religieuses et emploie 350 ouvrières, dont 150 toutes jeunes reçoivent en même tems l'instruction.

On y travaille pour le compte de MM. Le Blond et Lange, de Caen.

—⊕—

Collége de Cherbourg.

(rue de Bailly , n.º 6.)

Le *Collége* de Cherbourg a été fondé vers l'année 1813. Il est situé près de la campagne, dans un endroit agréable et fort sain. Il réunit aujourd'hui, par suite des accroissemens qu'il a pris depuis quelques années, toutes les classes, depuis la 8.e jusqu'à la rhétorique inclusivement. Il y a aussi des classes de mathématiques, d'anglois, de dessin et d'écriture.

L'enseignement littéraire comprend les langues latine, grecque et française, l'histoire et la géographie. La langue française est spécialement enseignée en huitième, sep-

tième et sixième. On commence la langue
grecque en sixième. Un cours spécial de mathématiques, qui n'a rien de commun avec
les leçons de mathématiques données ordinairement dans les collèges communaux, cours
spécial pour les jeunes-gens qui se destinent
aux écoles polytechnique, militaire, de la
marine et au commerce, est ouvert à la rentrée des classes. Ce cours est divisé en trois
parties : sont admis à le suivre, des élèves de
toutes les classes, ainsi que des jeunes-gens
qui ne suivent pas les classes de latin.

Des instructions religieuses sont faites aux
élèves *internes*, particulièrement à ceux qui
se disposent à faire leur première communion.

Les dortoirs sont éclairés pendant la nuit.
Les leçons des arts d'agrément sont prises
pendant les récréations et aux frais des pa-
rens.

Les jours de congé, il y a trois heures de
travail ; le matin, les élèves sont conduits à
la messe ; l'après-midi, à la promenade.

Les élèves sont surveillés avec le plus grand
soin dans tous les instans de la journée. Tous
les trois mois, le Principal adresse aux pa-

rens des notes sur la conduite, l'application , les progrès et la santé de leurs enfans.

Il y a dans le collége une première et une seconde pension , une demi-pension et une camérie.

Des *externes* sont admis, comme élèves en répétition, à faire leurs devoirs sous la surveil-lance des maîtres d'étude, qui leur donnent les mêmes soins qu'aux *internes*.

Prix de la première pension , pour l'année scholaire		400 f.	00
Id.	de la seconde pension ,	300	00
Id.	de la demi-pension , .	230	00
Id.	de la camérie , . .	63	00
Id.	de répétitions , . .	52	50

Toutes les rétributions sont payables comme il suit : 3|10.ᵉˢ en octobre ; 3|10.ᵉˢ en janvier ; 3|10 ᵉˢ en avril, et 1|10.ᵉ en juillet.

Le nombre des élèves est d'environ 160.

Le 20 mars 1833 , M. Le Bruman , Prin-cipal , a fait par écrit à M. le Maire la demande d'une chaire de philosophie qui, en com-plétant les études de ce collége , contribuerait

beaucoup à soutenir sa prospérité. A l'enseignement de la philosophie se joindrait celui de
la physique , de l'histoire naturelle , avec des
notions de chimie , et pendant l'année consacrée à l'étude de ces sciences, les élèves conti-
nueraient de cultiver particulièrement les
mathématiques qu'ils auraient commencé à
étudier dès la classe de troisième. Il résulterait
de là , que le collége arriverait insensiblement
à posséder l'enseignement des hautes études ,
avantage immense pour le pays et surtout
pour Cherbourg, où tant de familles doivent
par leur position donner une éducation supérieure à leurs enfans , mais parmi les-
quelles un grand nombre ne peuvent main-
tenir leurs enfans dans un collége étranger ,
qu'en s'imposant de grands sacrifices.

Il est probable que le conseil municipal
appréciera la force de toutes ces raisons , et
s'empressera d'accorder la *chaire de philosophie* qui lui est demandée.

_____

Cercles Littéraires.

Ces *cercles* sont au nombre de deux : la
Chambre de Lecture , rue des Bastions , n.º
19, et le *Cercle Commercial,* sur le Port.

L'établissement dit la *Chambre de Lecture*
se compose d'un salon pour la lecture des
journaux , d'une bibliothèque et d'appartemens pour le jeu ou la conversation.

Ces différentes pièces sont au premier étage ;
au rez-de-chaussée , est une *salle de billard*.

La *Chambre de Lecture* a été fondée en 1814.
On y lit presque tous les journaux et écrits
périodiques. Le nombre de ses membres est
aujourd'hui de 100. Le droit d'entrée est de
30 francs et la cotisation annuelle, pour chaque
membre , de 35 francs.

Le tableau des membres est affiché dans la
principale salle. La société a trois commissaires, qui sont chargés de la police intérieure,
des convocations et des dépenses relatives à
l'établissement. Elle a de plus un secrétaire-
trésorier , chargé de recevoir le montant des
abonnemens et le produit des jeux , et de
payer les dépenses ordonnancées par les commissaires. Les commissaires et le trésorier
rendent leurs comptes chaque année , dans
une assemblée générale qui est convoquée pour
cet objet dans les premiers jours de septembre. Dans cette assemblée, la société choisit
les journaux et ouvrages périodiques auxquels elle veut s'abonner.

16

Toute espèce de discussion sur la religion et la politique, est interdite dans la société.

Les sociétaires ont le droit de conduire à la *Chambre de Lecture* des étrangers de leur connaissance.

Aucun habitant de la ville ne peut y être admis, s'il n'est membre de la société.

La *Bibliothèque* renferme *huit* ou *neuf cents* volumes environ, parmi lesquels on remarque la *Biographie Universelle*, la *Biographie des Contemporains*, l'*Encyclopédie Moderne*, les *OEuvres complètes de Châteaubriand* et de *Walter-Scott*, l'*Histoire des Ducs de Bourgogne*, l'*Histoire de Paris*, par Dulaure, etc., etc.

La *Chambre de Lecture* est ouverte depuis 6 heures du matin en été, et 8 en hiver, jusqu'à 11 heures du soir.

Le *Cercle Commercial* a été établi en 1831. Les associés sont au nombre de 36, tous négocians. Il n'a point de bibliothèque. Les étrangers n'y sont admis qu'autant qu'ils sont commerçans et présentés par un des associés.

On y trouve particulièrement les journaux du commerce.

Cet établissement a pour avantage , en l'absence d'une *Bourse* à Cherbourg , d'être un point de réunion pour les principaux né- gocians de la place.

Tribunal Civil.

(Place d'Armes , n.° 20)

L'établissement d'une *Sous-Préfecture* et d'un *Tribunal Civil* à Cherbourg date seu- lement du 1.er janvier 1812. Jusque-là, Cher- bourg n'était autre chose que le chef-lieu d'un canton de l'arrondissement de Valognes.

Le *Tribunal Civil* tint d'abord ses séances dans une des salles de l'Hôtel-de-Ville. Plus tard , il s'établit dans le local qu'il occupe au- jourd'hui, local dépendant d'une maison par- ticulière , et partant assez peu convenable pour l'usage auquel on le consacre.

On a le projet , dit-on , de construire un *Tribunal* sur la place de la *Divette* , derrière la *Prison*, faisant face à la rue *Corne-de-Cerf.* Souhaitons que ce projet se réalise bientôt.

Voici l'ordre habituel des travaux judiciaires :

Le lundi, police correctionnelle.
Le mardi, affaires sommaires, appels de juge de paix, ventes et adjudications.
Le mercredi, affaires du rôle ordinaire.
Le jeudi, affaires du rôle ordinaire et rapports.
Le vendredi, ...
Le samedi, affaires urgentes.

Le *Tribunal de Commerce* tient ses séances le vendredi de chaque semaine, dans la salle du *Tribunal Civil.*

Les audiences durent ordinairement de *onze* heures du matin à *trois* heures du soir.

Journal de Cherbourg

ET

du Département de la Manche.

Pendant long-temps, il n'y eut à Cherbourg d'autre *journal* qu'une *feuille d'annonces*, qui se publiait le samedi de chaque semaine.

Au commencement de l'année 1833 , l'auteur de ce *Guide* , aidé de M. Boulanger père, imprimeur , entreprit de créer à Cherbourg un *journal*, qui fût en rapport avec l'importance toujours croissante de cette ville et les besoins intellectuels des habitans.

Ce *Journal* parut dès le trois mars de la même année, sous le titre de *Journal de Cherbourg* , NON POLITIQUE, *Commercial, Maritime, Judiciaire, Agricole et littéraire.*

Son succès surpassa les espérances des fondateurs, à tel point que, le 1.ᵉʳ septembre suivant, il avait augmenté considérablement son format , sans augmenter d'une manière sensible le prix de l'abonnement , et était devenu *Journal de Cherbourg et du Département de la Manche.*

C'est sous ce nouveau titre qu'il est aujour-
d'hui connu dans le public.

Le *Journal de Cherbourg et du Département
de la Manche* a des *correspondans* dans toutes
les villes, dans toutes les communes du département. Il ne se passe pas le moindre évènement
sans que les *abonnés* en soient instruits, et les
renseignemens qu'il donne peuvent toujours
être considérés comme plus dignes de foi que
tous autres.

Les hommes les plus distingués du Département, sous le double rapport du caractère
et du talent, prennent part à la collaboration.
Chaque partie est traitée de manière à conten-
ter les plus difficiles.

Les articles habituels du *Journal* se com-
posent des *nouvelles locales* et *départementales*;
de toutes celles qui peuvent intéresser les
sciences, les *arts*, le *commerce* et la *marine*;
des *actes des différentes administrations*, des
découvertes en agriculture, etc., etc.

Il rend compte fidèlement des séances des
conseils municipaux, de celles des *tribunaux*,
des *conseils de discipline* de la garde nationale,
etc., etc.

Il tient les propriétaires et cultivateurs au courant des *foires* et *marchés*.

Enfin, il publie avec reconnaissance les morceaux de littérature en prose ou en vers que l'on veut bien lui adresser.

Prix de l'abonnement.

Cherbourg, trois mois, 4 f.; 6 mois, 7 f.; un an, 15 f. — Par la poste, 3 mois, 5 f.; 6 mois, 9 f.; un an, 17 f.

On s'abonne à Cherbourg, au *bureau* du *Journal de Cherbourg et du Département de la Manche,* rue des Bastions, en face de l'Hôtel de la Préfecture Maritime; chez tous les libraires du Département; chez tous les directeurs des postes; et à Paris, chez MM. Bresson et Bourgoin, à l'*Office-Correspondance,* rue Notre-Dame-des-Victoires, n.° 18, où l'on reçoit les *annonces* pour le *Journal.*

Bibliothèques particulières. — Tableaux de M. Leblanc.

———o———

Il est peu de *bibliothèques particulières* à Cherbourg que l'on puisse citer ; mais en revanche, il en est deux qui sortent tout-à-fait de la ligne ordinaire par l'esprit et le goût qui ont présidé à leur composition. Nous voulons parler de celles de MM. Asselin et Couppey.

M. Asselin, ancien sous-préfet, directeur de la Société royale académique et membre de la Société des Antiquaires de la Normandie, possède une quantité de livres rares et plusieurs manuscrits d'un grand prix. C'est dans sa *Bibliothèque* que se trouve le curieux manuscrit intitulé : « *Les Vies des femmes célèbres*, par Antoine du Four, de l'ordre des Frères prêcheurs, docteur en théologie, confesseur et prédicateur de Louis XII et de la royne Anne de Bretagne, inquisiteur de la Foy, évesque de Marseille. »

Le volume est in-folio, sur vélin ; il contient 77 feuillets. L'écriture en est fort belle et fort facile à lire. Toutes les majuscules sont

en or sur fond d'azur. Il est orné de 77 vi-
gnettes, représentant chacune l'action principale de la *femme célèbre* dont l'auteur écrit
la vie. La première représente Anne de Bretagne, au milieu des dames de sa cour; Antoine du Four, à genoux, en habit de Ja-
cobin, lui présente son livre.

On a lieu de croire que c'est ce volume
même, qui est aujourd'hui entre les mains
de M. Asselin, qui fut présenté à la reine
Anne.

M. Asselin possède en outre une riche collection de médailles et d'antiquités romaines
et celtiques.

La *Bibliothèque* de M. Couppey, juge au
tribunal, secrétaire de la Société royale académique, et membre de celle des Antiquaires,
comprend environ 3,600 volumes, sans comp-
ter 1,000 ou 1,200 volumes, qu'il possède
encore à sa campagne.

Ce sont en grande partie des ouvrages clas-
siques et historiques, de ceux qui traitent
particulièrement de l'histoire des sciences,
des lettres et des religions, objet spécial des

17

travaux de M. Couppey. Nous avons remarqué entr'autres :

Les Mémoires de l'Académie des inscriptions et belles-lettres, 5o vol. in-4° — Les Mémoires de la 3.ᵉ classe de l'Institut, dite d'Histoire et de Littérature ancienne, 8 vol. in-4°. — Les Notices des manuscrits de la bibliothèque du roi, 11 vol. in-4°. — La collection des historiens français, depuis Grégoire de Tours jusqu'à Orderic Vital, traduction de Guizot, 3o vol. in-8°. — Les Chroniques de France, en langue vulgaire, de Buchon, comprenant Froissard, Monstrelet, etc., 47 vol. in-8°. — Des Bibles hébraïques, chaldéennes, des Septantes, gothiques, etc. — L'Histoire littéraire de France, par les Bénédictins, 15 vol. in-4°. — Des Éditions Elzevir, Blaen, etc. — L'ouvrage de Raynouard, sur la langue et les ouvrages des Troubadours, 6 vol. in-8°. — Les fabliaux et contes en langue vulgaire, par Méon, 1 vol. in-8°. — Le Roman de la Rose. — Le Roman de Rou. — Les Poésies de Marie de France, Trouvère anglo-normand. — La Collection de Coustellier, contenant les poëtes français depuis l'âge des Troubadours et des Trouvères jusqu'à Marot, inclusivement, etc., etc.

M. Le Blanc, bibliothécaire de la marine, est possesseur d'une *Collection de Tableaux* que nous nous reprocherions de ne pas signaler ici. Il suffira de jeter les yeux sur le catalogue suivant, qui nous a été remis par M. Le Blanc lui-même, pour apprécier cette *Collection* comme elle le mérite :

Catalogue des Tableaux de M. Le Blanc.

-- Saint Pierre, guérissant des malades, par Jouvenet (Jean); école française.

-- Saint Jean reprochant les crimes à Salomé, fille d'Hérodias, par Lesueur (Eustache); école française.

-- Denier de César, d'après P. Paul Rubens, par son élève Peters van Mol; école fl.

-- Vénus et Adonis, d'après l'Albane, par son élève Mola (Per Francesco); école bolonaise.

-- Une Vierge tenant l'enfant Jésus et un Ange, par Martin de Vaux; école flam.

-- Adoration des Mages, d'après Rubens, par Thulden (Théodore), son élève; école flamande.

—— Les Noces de Cana, composition de 17 figures, sur cuivre, par Jordaens (Jacques); école flamande.

—— Un Intérieur, une Fileuse et divers instrumens de cuisine, sur bois, par David Teniers; éc. fl.

—— Fête flamande, dans la manière de David Teniers le vieux; id.

—— Petit tableau de forme ovale, sur cuivre, bœuf, moutons et chèvre, par Potter (Paul); éc. fl.

—— Pensée d'Horace, *et moi aussi j'ai vécu*, tableau d'une couleur très-fraîche et d'une touche vigoureuse, par Le Grand, en 1809; école française.

—— Ariane avec l'abandon de la volupté, tombe dans les bras de Bacchus. Ce tableau, composé d'une manière forte, est du plus bel effet, par Legrand. (Pendant du précédent.)

—— Trois Nymphes se baignent dans une grotte; la lumière, parfaitement ménagée, fait briller une des trois nymphes, par id.

—— La Séduction, dans une grotte: une femme charmante, digne du pinceau de l'Albane, couchée sur un lit de roses, attire vers elle un homme qui est conduit par l'Amour. La lumière est d'un effet ravissant; ce tableau est un des plus beaux de Legrand.

A peu près 40 petits Tableaux d'histoire et de genre.

— Paysage sur cuivre, par Gelée (Claude), dit le Lorrain; école française.

— 2 grands paysages : lever et coucher du Soleil, par Bloemen (Jean-F. Van) dit l'Orrizonte; école flamande.

— Paysage avec une Fuite en Egypte, et beaucoup de personnages, par Bril (Paul); école flamande.

— 2 petits Paysages sur cuivre, par le même.

— Vue des environs d'Anvers, marine sur l'Escaut, avec des bâtimens portant pavillon hollandais; école flamande.

— Vue des environs d'Anvers; marine sur l'Escaut, par Goyen (Jean van); éc. fl.

— 2 Tableaux ; combat du 12 juillet 1801 du vaisseau le Formidable, de 80 canons, commandé par le capitaine de vaisseau Troude, contre 5 bâtimens anglais; tableaux originaux de P. Fréret, que M. Henry a fait graver de leurs grandeurs.

— Une trentaine de divers petits paysages.

Portraits.

— Louis XIV en manteau royal, par Hypp. Rigaud.

— Philippe d'Orléans, régent, par Santères.

— Augustin Coizevox, sculpteur du roi ; portrait faisant partie des trois que Rigaud présenta pour son entrée à l'Académie.

— René Pucelle, abbé de Corbigny, par le même.

— Nicolas Ménager, plénipotentiaire au congrès d'Utrech, et son épouse, par id.

— Charles Lebrun à son chevalet, par id.

— Legrand, peintre, par lui-même.

— Tête de vieillard, par Rubens. (Très-beau tableau.)

— Portrait de vieillard avec mains, dans la manière de A. Vandick.

— Portrait de Mme de la Vallière vue jusqu'aux jambes, par Mignard.

— Portrait de la marquise de Montespan, par le même.

— Adrienne Lecouvreur, actrice du Théâtre-Français, par Fontaine.

— A peu près une douzaine de Portraits de divers personnages.

Tableaux de nature morte.

— Un lièvre, un canard, des perdrix et autres gibiers ; des fruits, etc., par Snyders
(François) ; école flamande.

— Un vase étrusque avec bas-reliefs posé sur
une table de jaspe vert, rempli de di-
verses fleurs, par Mlle Vallayer-Coster.

— Un Vase rempli de fleurs, par Louis Fréret, peintre de la reine.

— Un Vase de fleurs et insectes, par id.

— Deux Tableaux d'oiseaux, faisant pendant,
par id.

— Un Vase de bronze avec figure, rempli
de fleurs, par Baptiste.

Et huit à dix Tableaux non décrits.

M. Le Blanc a aussi un choix de *Coquillages*
rares et divers objets d'antiquité.

Il est disposé à traiter de son Cabinet en
tout ou en partie.

La ville devrait, ce nous semble, saisir
cette occasion d'enrichir son *Musée.* Nous ne
croyons pas trop nous avancer, en assurant
que c'est avec elle que M. Le Blanc traiterait
de préférence.

Temple Protestant.

Le nombre des protestans natifs de Cherbourg, ou domiciliés dans cette ville, est
d'environ 140.

Il leur a été donné un Pasteur le 12 juillet
1831.

Le 12 novembre suivant, le président et
les membres du Consistoire adressèrent au
Conseil Municipal une pétition, pour obtenir
un *Temple* plus spacieux et plus convenable
sous tous les rapports, que le local où ils s'as-
semblent provisoirement, rue *de la Marine*,
n.° 38.

Le Conseil Municipal nomma dans son sein
une commission de trois membres, qui furent
chargés de se procurer tous les renseignemens
désirables et d'examiner avec soin la législa-
tion sur cette matière. Ils firent leur rapport,
dont les conclusions étaient, qu'il n'y avait
pas lieu d'accorder au Consistoire protestant,
ce qu'il demandait.

A la séance du 23 mars 1833, une discussion s'étant ouverte sur cette affaire, un mem-

bre du Conseil Municipal proposa, puisque la ville ne pouvait pas contribuer pécuniairement à l'érection d'un *Temple*, d'offrir gratuitement aux protestans un terrain sur lequel ils pourraient en faire bâtir un à leurs frais.

Cette proposition fut adoptée à la presque unanimité. L'arrêté pris par le Conseil porte : « que M. le Maire sera chargé d'exprimer au Consistoire de l'église réformée de Cherbourg les regrets du corps municipal de cette ville, de ne pouvoir contribuer à l'érection d'un temple, réclamé pour l'exercice du culte protestant, mais qu'il sera autorisé en même tems, pour le cas où le Consistoire voudrait en faire ériger un à ses frais, à offrir la concession gratuite d'un terrain propre à le recevoir, et qui, dans ce cas, serait ultérieurement indiqué et déterminé en conseil municipal et livré aux entrepreneurs, sous la seule condition, que les plans seraient soumis préalablement à l'approbation dudit conseil. »

M. le Maire s'entendit avec le Consistoire, et un terrain situé près du Faubourg, au bout de la rue du *Vieux-Quai*, fut désigné pour recevoir le Temple protestant. Le Conseil Municipal approuva cette désignation. Une enquête de *commodo et incommodo* eut lieu les 15 et 16 février 1833, et l'on n'attend plus que l'autorisation du gouvernement , pour commencer les constructions.

Hôpital Général.

S'il est un établissement , dont à tout moment l'on sente à Cherbourg la nécessité , c'est une maison destinée aux vieillards infirmes, aux malades, aux enfans trouvés et aux aliénés ; enfin un *Hôpital général.*

Il existe à Paris une *société* dite des *Etablissemens charitables*, présidée par un membre de la famille des La Rochefoucaud. Cette société donne *gratuitement* des plans d'ateliers de travail, de salles d'asile , de caisses d'épargnes , etc. C'est à elle que la ville s'est adressée pour avoir un projet d'*Hôpital général.* M. Huvé , l'un de ses membres, et architecte de la Madeleine, a été chargé de ce travail.

M. Huvé s'est aussitôt mis à l'œuvre avec un zèle qu'on ne saurait trop louer. Non

content de tracer de Paris les dispositions générales du projet, il a voulu en étudier lui-
même tous les détails sur le terrain. Il a donc
fait le voyage de Cherbourg, et après y avoir
passé huit jours, il est retourné à Paris, où il
a soumis son travail à la société des *Etablisse-*
mens charitables, en l'accompagnant d'une
note explicative, dont la société a ordonné
l'insertion dans son bulletin mensuel.

« On voit d'abord, dit M. Huvé dans cette
note, qu'il s'agit de recevoir 3oo individus
des deux sexes, vieillards et enfans, ainsi
répartis :

> 15o Femmes.
> 75 Hommes.
> 38 Garçons au-dessous de 12
> ans.
> 37 Filles au-dessous de 12 ans.

Total..... 3oo

» Mais, sur ce nombre, on suppose qu'un
dixième environ peut se trouver en état de
maladie. Il faut donc une infirmerie avec ses
accessoires pour trente malades.

» Indépendamment de ces trois cents lits , il convient d'en établir quinze à vingt pour des enfans trouvés ; deux autres établissemens séparés pour les fous et pour les filles publiques , doivent contenir chacun vingt individus.

» L'hospice , actuellement dirigé par une dame supérieure , devra être remis , par la suite, à des sœurs. Il faudra donc un logement pour les sœurs, un pour l'aumônier et un pour le receveur.

» Deux salles servant d'écoles , deux au moins pour des ateliers et une chapelle , sont également indispensables.

» Cette chapelle doit être assez vaste pour contenir cinq cents personnes, indépendamment de la population de l'hospice , afin qu'elle ait une entrée publique sur la grande route , au point le plus rapproché de la ville.

» Telles sont les données principales, sans parler des détails de l'établissement, tels que lingerie , buanderie , cuisine , pharmacie , etc. »

C'est ainsi que M. Huvé conçoit un *Hôpital général* à Cherbourg. Ce projet est beau , mais nous craignons que plus d'une difficulté n'en fasse ajourner l'exécution indéfiniment.

Le terrain destiné à cet *Hôpital général* a 200 mètres de largeur, sur 65 de profondeur. Il est situé près de la grande route de Cherbourg aux Pieux.

———◦◦◦———

Nouvelle Salle de Spectacle

projetée.

Nous avons déjà eu l'occasion de parler de l'intention où est la ville de Cherbourg, de faire construire, dans la partie centrale de la Halle, une *Nouvelle Salle de Spectacle*.

Voici le plan qu'en a donné M. Huvé, plan, qui a été adopté par le conseil municipal à l'unanimité, et que l'on a invité M. le Maire à faire exécuter avec toute la diligence possible. (Séance du 25 avril 1833.)

Le public entrera dans la *Salle de Spectacle* du côté de la rue Corne-de-Cerf. Après avoir traversé le pourtour de la Halle, il trouvera un vestibule de 7 *mètres*, sur 5 , où seront établis les *bureaux*. A droite et à gauche, des escaliers conduiront aux différents étages.

Le plancher, sur lequel reposera la *Salle*, sera à 4 *mètres* au-dessus du sol. Il sera soutenu par 70 pilastres.

Le parterre aura 8 *mètres* 50 *centimètres* de largeur, sur 8 de profondeur, y compris l'*orchestre*. Autour, seront 16 *baignoires*, chacune de 8 places. Au-dessus, se trouveront les *premières loges*, au nombre de 16, à 6 places, avec une *galerie* en avant, pouvant contenir cent personnes.

Les *Secondes loges* seront en même nombre que les *premières*. La galerie supérieure, ou *paradis*, pourra contenir environ 300 personnes.

Au total, la *Salle* pourra recevoir jusqu'à 1,000 spectateurs, comme la plupart des petits théâtres de Paris.

Le *Théâtre* aura 10 *mètres* de profondeur, sur 19 de largeur. Derrière les *coulisses*, seront 10 loges pour les acteurs.

De vastes corridors régneront autour du *parterre* et des *loges*, et rendront les dégagemens faciles.

Une pièce, placée au-devant de la *Salle*, au niveau des *premières loges*, servira de *foyer*.

Une autre, de 11 *mètres*, sur 8, destinée aux *bals*, se trouvera en arrière, et au niveau du *théâtre*, dont elle sera séparée par une cloison mobile, qui, transportée dans un sens ou dans un autre, donnera plus d'étendue à la *Salle de bal* ou au *théâtre*. Cette *Salle* s'accèdera par un escalier particulier; une pièce à l'entrée servira de *vestiaire*; une autre, à l'extrémité opposée, sera destinée au jeu.

Bibliographie.

Suivant Adrien de Valois , des *lettres* de *Richard III, duc de Normandie*, de l'an 1026 , sont le plus ancien ouvrage où il soit question de Cherbourg. C'est dans ces *lettres* que Cherbourg est appelé *Castellum Carusburc*.

Viennent ensuite : Guillaume de Jumiége qui de *Carusburc* fit *Chierisburc*, Ordéric-Vital et Robert, du Mont-Saint-Michel , dans les écrits desquels on trouve, pour la première fois, le nom de *Cæsaris-Burgus*.

Froissart et les historiens des règnes tant de Charles VI que de Charles VII , peuvent toujours être consultés, au sujet de Cherbourg, avec un grand avantage.

Voici la liste des publications auxquelles la ville de Cherbourg a particulièrement donné lieu jusqu'à ce jour :

— Relation de la découverte d'un Tombeau , près de Cherbourg. — Observations géographiques et historiques , concernant cette ville. 1741.

(Cette *Relation* se trouve dans le tome XVI de l'Histoire de l'Académie des inscriptions et Belles-lettres.)

— Histoire de la ville de Cherbourg et de ses antiquités, par Madame Retau-Dufresne. Paris, 1760, 1 vol. in-12.

— Histoire Sommaire et Chronologique de la ville de Cherbourg, avec le journal historique de ce qui s'est passé à Cherbourg au mois de Juin 1786, pendant le séjour en cette ville de S. M. Louis XVI, roi de France. Paris, 1786.

— Notice de la Marine à Cherbourg, pour l'an 5 de la République française (par M. Gabriel Noël, Cherbourg). Clamorgam, an 5.

— Notions sur la Rade de Cherbourg, sur le Port Bonaparte et sur leurs accessoires, par un officier français (M. Savary, de S.t-Lo). Cherbourg, Boulanger, an XII, in-8°.

— Description de l'ouverture de l'Avant-Port de Cherbourg et détails sur ce qui s'est passé à cette occasion, par M. Pierre-Aimé Lair. Caen, Poisson 1813, in-8°.

— Mémoire sur la Digue de Cherbourg, comparée au *Break-Water*, ou jetée de Plymouth, par M. J.-M.-F. Cachin, Inspecteur-Général des ponts et chaussées. Paris, 1820, in-4.°, avec planches.

— Recherches sur l'état des Ports de Cherbourg et de Barfleur, dans le moyen âge, par M. de Gerville. (Ce *Mémoire* a été inséré dans les *Archives de la Normandie*, 2.ᵉ année, 1826.)

— Détails historiques sur l'Ancien Port de Cherbourg, par M. Asselin. Cherbourg, 1826, in-8.º.

— Petit Voyage de trois Rats de Cave à Cherbourg. Paris, 1829, in-18.

— Notice sur la Découverte des restes d'une Habitation Romaine, dans la Mielle de Cherbourg, par M. Aug. Asselin, membre de la légion d'Honneur. Cherbourg, Boulanger, 1830, in-8.º.

— Supplément à la *Notice* précédente, par le même. Cherbourg, 1832, in-8.º.

— Notice sur le Port Militaire de Cherbourg, par M. Ad. Gondinet (insérée dans le compte rendu trimestriel de l'association polytechnique. Juillet 1832).

Cherbourg, Article de M. Loëve-Veimars (Revue des Deux-Mondes, du 15 août 1832).

— Le Guide du Voyageur à Cherbourg ;
ou Description complète et historique de cette
ville, de son port militaire, de son port de
commerce et de tous ses établissemens, par
A. de Berruyer. Cherbourg, Boulanger,
1832, 1 vol. in-12

FIN DU SUPPLÉMENT.

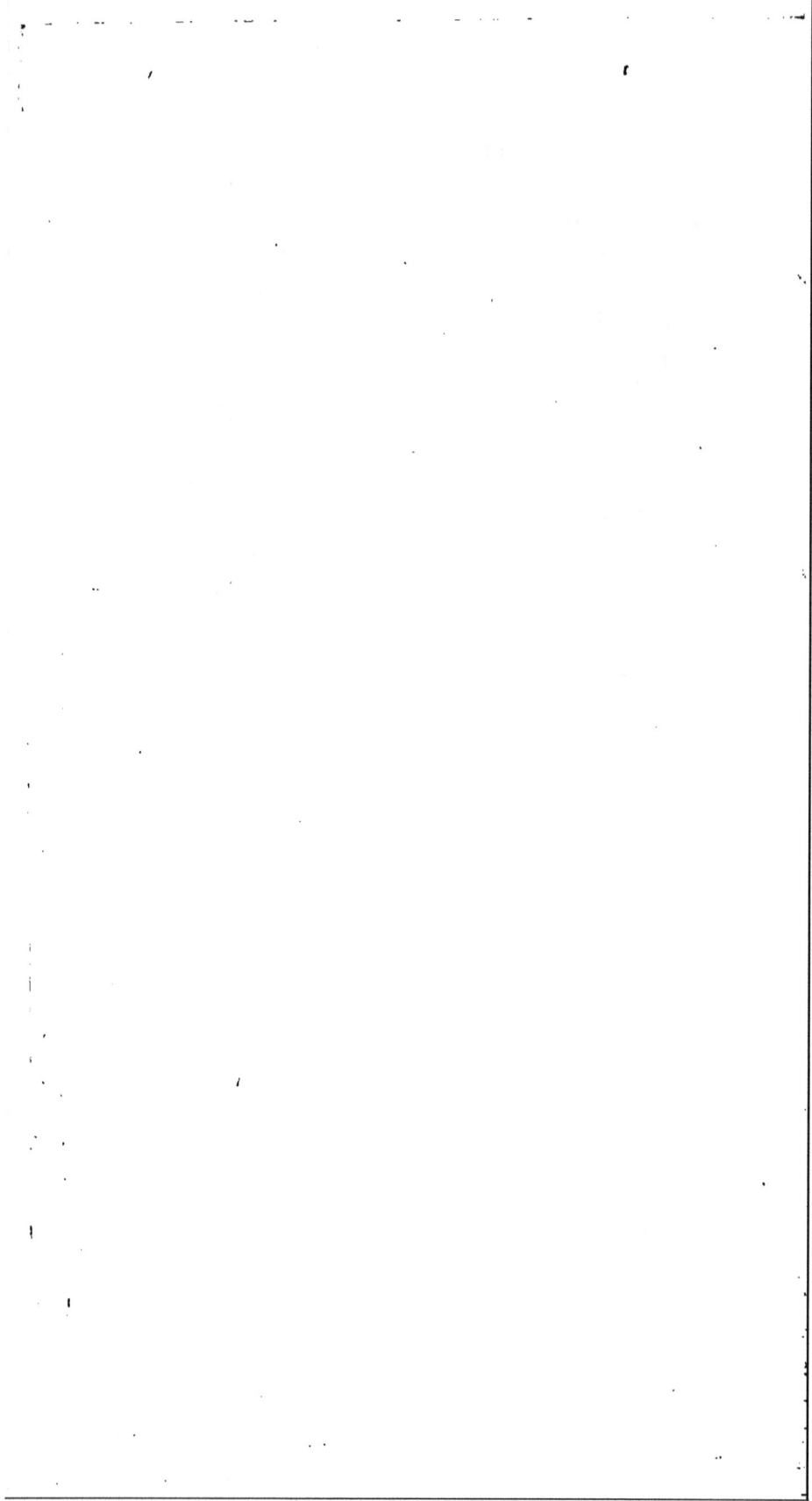

TABLE.

Première Journée.

Deuxième Journée.

Troisième Journée.

Quatrième Journée.

Cinquième Journée.

Sixième Journée.

FIN.